LA VÉRITÉ SUR LES FEMMES

Pierre Beer

La vérité sur les femmes

Stock

« Qui donc a dit qu'il était plus facile de mourir pour la femme qu'on aime que de vivre avec elle ? »

André MAUROIS.

J'ai choisi de vivre avec elles. Ce livre est un aperçu des femmes, volontairement biaisé parce qu'il ne s'agit que des quelques-unes que j'ai rencontrées.

Toutes les femmes ne sont pas figurées dans ces portraits. Je le sais, mais je ne fréquente que celles de mon milieu. Être journaliste, porter des mocassins à pompons et des vestes en cachemire limite terriblement le champ d'investigation.

On peut aimer une pauvre, mais cela doit être exceptionnel, sinon, c'est du masochisme. Avoir un père alcoolique et un soutien-gorge gris à force de lavages répétés, dont le tissu bâille entre les seins, est également tragique car, si la première particularité peut inspirer la tendresse, la seconde assassine le désir. Surtout que, dans ces milieux-là, on enlève difficilement son soutien-gorge.

Je n'ai pas parlé des femmes que je n'ai pas connues. Mais j'ai le temps. Ce livre n'est que le premier tome d'une longue série. Je compte bien ne pas m'arrêter en chemin.

Et si tout va mal, je compte téléphoner à Me Violette Gorny[1].

1. Avocat spécialisé dans les divorces. A écrit *Le Nouveau Divorce,* Hachette.

Sommaire

Les bavardes 13
Les carriéristes 23
Les futures divorcées 35
Les étrangères 45
Les femmes entretenues 59
Les femmes fidèles 71
Les femmes infidèles 83
Les copines 97
Les sportives 109
Les Juives (sépharades) 121
Les babas-cool 131
Les menteuses 143
Les mondaines 153
Les NAP (Neuilly-Auteuil-Passy) 165
Les désœuvrées 179
Les professeurs de piano 189
Les femmes de présidents 201
Les intellectuelles 213
Les secrétaires 225
Les tueuses 239
Les filles beaucoup trop jeunes 249
Les pauvres 261
Les rousses 273
Les laides 281
Ma femme avant parution 291

Les bavardes

« Il y a mille inventions pour faire parler les femmes, mais pas une pour les faire taire. »

Guillaume Bouchet.

Si l'homme descend du singe, la femme descend du perroquet. Elle en a le plumage et surtout le discours.

Les femmes abusent de tout ce qu'on leur donne. Or, comme la parole est gratuite...

Dès leur plus jeune âge, elles apprennent à parler en respirant. C'est un entraînement difficile auquel elles s'astreignent chaque jour. On peut interrompre un homme à l'instant où le souffle lui manque ; c'est impossible avec une femme. Elle peut tout faire en parlant — même l'amour.

Cependant, c'est un des rares moments où elle sait aussi écouter : cela peut servir. Les hommes se confient volontiers sur l'oreiller. Pour excuser une faiblesse, une fatigue, ils n'hésitent pas à dévoiler leurs plus grands secrets, persuadés qu'une femme qui se donne devient automatiquement leur propriété ; qu'elle ne le fait que par amour pour eux et que cet amour sera éternel. On ne se méfie pas de l'être qui vous aime.

La bavarde devient éponge, absorbe, jure le secret et, dès qu'elle est seule, se précipite sur le téléphone. Les histoires font le tour des combinés de la ville, se répètent dans les dîners, se promènent dans les salons de coiffure et, très vite, chacun connaît, bien sûr secrètement, la vie des autres. Les femmes passent leur temps à commettre ainsi des délits d'initiés.

« Tu as une nouvelle maîtresse ? me demanda un jour un ami.

— Mais non.

— Cachottier ! Je sais tout.

— Enfin, tu plaisantes. Dis-moi qui ?

— Jeanne G. Elle l'a avoué à une amie de ma femme, qui le lui a répété.

— Mais tu es fou ! Je dîne avec elle demain pour la première fois. Je la connais à peine. »

Jeanne avait anticipé, voulant être la première à le raconter. Sans doute est-ce en partie pour cela que, le lendemain, elle me céda en effet.

Les bavardes ont une prime à la nouveauté. Une information inédite vaut beaucoup plus de points que du réchauffé. On ne raconte pas les secrets du mois dernier ; cela devient insipide, voire indiscret.

J'avais justement rencontré Jeanne lors d'une soirée au cours de laquelle elle évoquait une liaison connue. La maîtresse de maison l'interrompit d'une voix offusquée :

« Je vous en prie, chère amie. Nous le savons tous et il est préférable que ces incartades ne soient pas mises sur la place publique. »

Je ris en mon for intérieur car je savais que Jeanne, ma voisine ce soir-là, était alors la maîtresse du mari de notre hôtesse. Elle semblait fort en colère d'être ainsi rabrouée. Elle se tourna vers moi et me dit d'une voix furieuse :

« Si je lui racontais que son mari a passé l'après-midi avec moi, est-ce qu'elle trouverait cela plus drôle ? »

Je regardai autour de moi avec effroi. Personne heureusement n'avait entendu. Je compris cependant que ma voisine ferait tout pour que sa liaison devînt publique. Ce serait sa façon de se venger.

Les femmes adorent se venger ; elles le font toujours avec des mots, et souvent au-dessous de la ceinture, sachant révéler le détail assassin.

Dans la vie d'un homme, il est essentiel de satisfaire ses premières maîtresses. Leurs appréciations ont le pouvoir de faire échouer ou réussir une carrière amoureuse. Une fois passé le test, l'amant est tranquille car même si, ensuite, il lui arrive d'être moins brillant, les déçues n'oseront pas parler. Elles auraient trop peur que des méchantes racontent que c'est leur faute.

Jeanne, le premier matin, me réveilla à 6 heures avec le fameux : « Tu dors ? » Dès que j'eus répondu imprudemment non, avec tendresse parce que c'était notre premier matin, elle démarra, enflant le ton dès qu'elle sentait que je me rendormais. Entendre l'histoire de sa famille alors que le soleil n'était pas même levé, qu'il faisait froid dehors et chaud dans mon rêve, c'était très dur.

« Tu sais, dormir est un gaspillage. Et puis, c'est si important de se parler, de se connaître, de rattraper le temps perdu », me dit-elle, accoudée, la tête appuyée sur une main, me surveillant pendant que le flot intarissable noyait mon cerveau embrumé.

Jeanne devait avoir des années de retard. Depuis longtemps, son droit de parole était épuisé, mais elle continuait son babil incessant, envers et contre tous. Il était impossible de l'interrompre.

Pendant les instants les plus délicieux, Jeanne réussissait à me raconter sa journée. Et quand je lui murmurais la question que tous les hommes posent après l'amour, le sempiternel : « C'était bon ? » qui attend toujours la même confirmation rassurante, elle répondait :

« Un après-midi épatant. Nous avons fait des courses. Je voudrais que tu voies ce tee-shirt. Blanc avec des vagues violettes...

— Mais non, Jeanne, je ne parlais pas de ça.

— Ah ! Mon déjeuner ? Laisse-moi te raconter : nous étions à la terrasse de... »

Que faire ? Rien. Je l'écoutais donc, remisant ma fierté, faisant semblant de m'intéresser aux péripéties de ses journées.

Si les hommes, entre eux, restent souvent silencieux, ce n'est pas parce qu'ils n'ont rien à se dire, mais parce qu'ils se reposent. Ils se préparent à affronter leurs femmes dès leur retour à la maison.

Cela dit, rien n'est plus déroutant qu'une bavarde qui se tait. Quand, dans un film, l'héroïne s'arrête tout à coup de parler, c'est que quelque chose de grave va se passer. Avec Jeanne, le silence était de très mauvais augure. L'aveu d'un achat dispendieux, un soupçon d'adultère avec ma secrétaire, l'obligation de passer un week-end chez ses parents ou autre terrible nouvelle. Je la voyais avec terreur se concentrer, sachant qu'un raz de marée allait bientôt m'emporter.

Les femmes parlent, mais n'écoutent pas. On se demande toujours comment elles font entre elles. Or c'est très simple. Chacune raconte son histoire parallèlement aux autres et aucune n'entend le discours de ses amies. L'important n'est pas de recevoir, mais d'émettre.

Le soir, Jeanne me racontait sa journée.

« J'ai vu Monique. Je lui ai dit que, et que, et que...

— Et elle ? Que t'a-t-elle raconté ?

— Elle ? Rien. Rien d'intéressant. »

Elle pouvait me répéter mot à mot ce qu'elle avait dit, jamais les paroles de l'autre.

Pour manger en paix pendant les bons dîners, je pose toujours une question en début de repas à chacune de mes voisines. Je peux ensuite déguster les plats qui me sont servis, bercé par les voix mélodieuses de mes compagnes de table. Elles savent parler la bouche pleine : c'est impossible pour un homme, recommandé chez les femmes.

Il n'est jamais nécessaire de participer. Il suffit de temps en temps d'un « vous croyez ? » ou d'un « comme vous avez raison ». Je suis persuadé que ma réputation d'homme courtois et intelligent ne tient qu'au fait que je n'interromps jamais leurs monologues. Elles m'aiment pour mon écoute. D'ailleurs, un homme qui parle les déroute.

Jeanne était avocate et gagnait de nombreux procès. Un juge de nos amis disait à son propos : « La plus grande erreur qu'un juge est obligé de commettre est d'annoncer que la parole est à la défense quand l'avocat de la défense est une femme. »

Jeanne bombait le torse, faisait virevolter les plis de sa robe et s'élançait. Sur les bancs adverses, on voyait bien des bouches s'ouvrir, mais aucun son n'avait le temps d'en sortir. Jeanne enchaînait. Enchaîner est le maître mot des conversations de femmes.

Quand Jeanne me téléphonait au bureau, je devenais fou. Aucune occupation ne justifiait un refus de lui parler. Elle avait besoin de moi, de mon écoute disciplinée. Mon rendez-vous important attendait devant moi que j'en eusse terminé. Ne m'entendant pas répondre, il imaginait que c'était grave, s'excusait presque d'être là. Jeanne continuait, inlassable, incurable. Une amie lui avait dit que le médecin avait décalé un rendez-vous, sa voiture grinçait ; en réalité, le son de sa propre voix lui manquait.

Elle était insensible aux décalages horaires, me téléphonant à ses heures, oubliant les miennes, que je sois au Japon ou ailleurs. C'était toujours essentiel pour elle, donc ce devait l'être pour moi. Me réveillant un jour à 4 heures du matin à New York, elle s'excusa en m'expliquant qu'elle n'avait trouvé personne d'autre à qui parler.

Même dans les instants les plus solennels, elle ne pouvait rester sobre. Quand j'épousai Jeanne — incapable de résister à ce moulin à paroles, je finis par sauter le pas —, je me retrouvai à la mairie, ému et le cœur serré. Nous étions peu nombreux. Seuls quelques amis et nos parents nous avaient accompagnés dans ce voyage.

Je répondis oui, avec gravité. Elle dit oui. Puis, d'une voix rauque, ajouta devant le maire et nos témoins ébahis :

« Oui, parce que je l'aime. Parce qu'il saura créer une famille, me rendre heureuse... »

Pendant quelques minutes, elle enchaîna, précisant, justifiant son oui. Je jouais nerveusement avec nos alliances. Ce n'était pas un consentement, mais un véritable argumentaire de vente qu'elle développait. Heureusement, l'une des alliances me glissa des mains et le bruit de son rebond sur les carreaux fit sursauter Jeanne, qui se tut.

Ensuite, au cours du déjeuner rituel, elle nous expliqua que « oui » n'était pas une réponse et que seul un simple d'esprit ou un être insensible pouvait se contenter d'une telle brièveté.

Mais plus tard, quand nous fûmes seuls tous

les deux, sans amis, sans autres bruits pour nous distraire que le soir d'hiver qui cognait aux fenêtres, elle se mit à parler vraiment, avec ses mots à elle. A parler d'amour. Enfin.

Un jour, à votre « je t'aime » timide et gêné, une femme répondra par une cascade de phrases. Toutes plus belles les unes que les autres. Il y sera question de vous, d'elle. Elle vous fera rêver l'avenir. Elle vous prendra la main et volera votre regard.

Ses mots vous caresseront et vous n'aurez qu'un désir : qu'elle ne s'arrête plus jamais de parler.

Les carriéristes

« A nous deux, maintenant. »

Honoré de Balzac.

Il faut se méfier des femmes carriéristes car elles sont femme, homme et animal à la fois, une sorte de monstre qui ne répond à aucune loi. Elles sont logiques et incohérentes, tendres et implacables, volontaires et tempérées, pourvu que cela serve leur carrière.

Une femme qui réussit s'est endurcie parce que, au départ, elle a dû subir la légende noire et les lois fabriquées par les hommes — qui n'ont toujours pas pardonné d'avoir été virés du Paradis comme des malpropres, alors qu'ils n'avaient rien demandé. La pomme leur est restée en travers de la gorge.

La carriériste sait user de tous ses talents ; de son charme comme de son physique. Elle n'est pas forcément belle, mais toujours attirante. On a envie d'elle ou, du moins, de lui faire plaisir. Elle joue sans jamais se donner, laissant croire sans jamais promettre et encore moins offrir.

Elle prépare chacun de ses mouvements comme le plus fin des joueurs d'échecs, avançant ses pions patiemment, avec une intelligence diabolique. Mais, quand elle commet une faute, elle redevient petite chose fragile. Les hommes lui pardonnent tout de suite, puisqu'elle est femme.

Je fus le marchepied de nombreuses carriéristes. J'en ai vu beaucoup qui passaient ensuite en ne me reconnaissant qu'avec peine, détestant retrouver un témoin de leurs premiers pas.

Pourtant j'ai aimé et continue d'aimer Juliette.

Je la rencontrai à la Sorbonne où nous étions étudiants. Il ne lui fallut que deux mois pour être la maîtresse du plus brillant et du plus riche élève de l'école, et à peine quelques semaines de plus pour devenir la préférée de nos professeurs.

Elle rêvait déjà de politique et nous expliquait que, bientôt, le monde aurait besoin d'elle. Nous n'étions que jeunes et, pour nous, la politique représentait un milieu trouble et sans intérêt. C'était le choix du dernier de la classe. Pour Juliette, c'était le pouvoir. Elle pensait à droite. Famille bourgeoise oblige ! Un matin, elle nous parla de la gauche, de sensibilité, de grandeur, d'amour, avec une foi bruyante. Nous n'avions pas encore de préférence et l'écoutions avec respect. Elle devint leader sans le vouloir. Nous avions besoin de croire dans autre chose que dans les vieux tabous rabâchés : toute notre classe vira donc à gauche. Elle avait un copain qui s'appelait François Mitterrand. Il était un petit peu plus vieux qu'elle, très intelligent.

Nous ne connaissions personne de très doué et Mitterrand fit l'affaire.

Il assista un soir à l'une de nos soirées politiques. Il nous séduit. En tout cas, elle nous expliqua qu'il nous avait séduits.

Je retrouvai Juliette quelques années plus tard ; elle s'était mariée puis avait divorcé, gardant un nom prestigieux et des moyens suffisants. Elle eut en outre la chance de voir son ex-mari disparaître dans une chasse en Afrique ; ainsi s'évanouit un témoin qui, avec le temps, aurait pu devenir gênant.

La carrière de Juliette avait commencé ; elle ne s'arrêterait plus.

Comme j'étais son seul réel ami, celui qui n'avait aucune raison de la jalouser, elle m'emmenait dans tous ses dîners importants. Une carriériste n'est pas mariée, mais ne vient jamais seule. Elle est disponible sans l'être. Tout dépend de la proposition et de celui qui propose.

Une fois par semaine, elle recevait chez elle et je jouais à l'ami maître de maison. J'étais le prince consort et qu'on rentre de temps en temps. J'avais appris par cœur les quelques phrases qui la mettraient en valeur devant un patron, un banquier ou un politique :

« Tu as été extraordinaire l'autre soir devant cet attaché d'ambassade russe... »

« Quand je pense qu'elle se voit offrir au moins une présidence par semaine... »

Le reste du temps, il me suffisait de la regarder béatement. Je rentrais le soir chez moi, exténué par cette comédie. Mais, d'une certaine façon, je l'aimais; elle me fascinait et j'acceptais de jouer mon rôle de bonne grâce.

Elle avait une tactique pour inviter les grands de ce monde. Elle annonçait à X que Y avait accepté et, dès qu'elle avait l'accord du premier, invitait le second. Elle faisait des cadeaux somptueux aux présentateurs de télévision pour qu'ils viennent dîner chez elle.

« Au pire, tu es là, disait-elle.

— Merci.

— Mais non, tu ne comprends pas. Pour les bluffer, il faut les plus connus ; sinon, un journaliste. Le pouvoir de la presse les affole. Ça n'a rien à voir avec le talent », ajoutait-elle en riant.

Juliette avait mis au point un fichier compliqué mais essentiel pour son métier de carriériste. Chaque personnage important était répertorié avec tous les renseignements qui le concernaient ; ses études, sa carrière, sa famille, ses hobbies, leurs rencontres, les sujets discutés, plus une croix quand il avait été son amant. Il y avait beaucoup de croix.

Ça lui permettait, des années plus tard, de rappeler à l'homme retrouvé ce qu'il lui avait dit, à l'époque, sur tel ou tel sujet.

« Je n'oublierai jamais », commençait-elle... Elle venait de le relire.

Mon rôle était double. D'abord ne pas effrayer les hommes, qui rapidement se rendaient compte, à mon ignorance de leur monde, que je ne pouvais être un concurrent. Ensuite, rassurer les femmes sur l'intégrité de Juliette. Une femme ne peut recevoir que si les autres femmes l'acceptent.

Je la décrivais certes intelligente, mais douce, franche, et d'une honnêteté sans faille. Quand les maris annonçaient qu'ils dînaient avec Juliette, ils étaient toujours absous.

J'étais ravi de ce rôle de Roméo à mi-temps. Juliette me fascinait et j'adorais partager sa réussite, ou plutôt y contribuer.

Mais elle m'effrayait aussi.

L'arriviste ne pense qu'à arriver. On est toujours en sursis avec elle et, dès qu'on a cessé de servir, on ne reçoit plus que des sourires polis. Si on insiste, les sourires deviennent glacés.

« Il ne faut jamais s'encombrer de gens inutiles, disait Juliette ; sinon, on n'a plus assez de temps ni de disponibilité pour les utiles. Il faut apprendre à jeter. »

Je l'avais vue manœuvrer. Elle avait poursuivi un ennemi jusque dans sa vie privée et l'avait écarté de sa route avec une brutalité inouïe. Il s'agissait d'un notaire qui, trop bien informé, avait tenté d'échanger ses secrets contre quelques avantages. Juliette avait sorti ses griffes. Une audience bien dirigée lui avait permis de mobiliser quelques lieutenants du fisc et le notaire avait finalement préféré succomber à une crise cardiaque plutôt qu'à la fin de sa réputation.

« Les gens blessés se relèvent et reviennent avec encore plus de haine, me disait-elle. Il faut les tuer, les écarter définitivement. »

Parfois, elle perdait et entrait dans des rages

terribles. Elle ne se vengeait pourtant jamais, estimant que la vengeance était un gaspillage de temps. Elle préférait repartir à l'attaque sur d'autres fronts.

Quand nous étions seuls, elle passait son temps à élaborer de nouvelles combinaisons, de nouveaux plans pour augmenter son pouvoir. Un soir où nous dormions ensemble, elle se tournait et se retournait dans le lit, n'arrivant pas à trouver le sommeil.

« Fais-moi l'amour, dit-elle. Je suis trop énervée. »

Docile, parce que sa puissance me la rendait désirable, je m'exécutai. Elle était très attirante et savait prendre et donner du plaisir comme peu de femmes, la plupart étant incapables des deux à la fois. J'étais ami et amant de cœur et je lui avais depuis toujours accordé tous les droits sur moi. Juliette me subjuguait. Ne pas la désirer quand elle avait envie de moi m'aurait désolé.

Je la pris dans mes bras. Elle se laissa aller et je sentis petit à petit son corps s'abandonner. J'attendais son plaisir quand tout à coup elle s'immobilisa.

« Arrête », dit-elle d'une voix impérieuse.

Je crus à un nouveau jeu, mais elle me repoussa et alluma la lampe de chevet. Elle marcha vers son bureau, s'assit et se mit à écrire furieusement. De temps à autre, elle me regardait et murmurait :

« C'est bien. Très bien. »

Enfin, elle se leva, revint dans le lit et éteignit la lumière.

« J'ai trouvé comment baiser cet enfoiré de X », dit-elle, contente.

Elle m'embrassa affectueusement.

« Dormons vite, conclut-elle. Demain sera décisif pour mon plan. »

Quelques minutes plus tard, j'entendais son souffle régulier. Ce fut à mon tour de me retourner dans le lit, cherchant désespérément le sommeil. Je m'endormis à l'aube, maudissant les carriéristes.

Juliette avait un joli appartement doté de grandes salles de réception. Aux murs pendaient de très belles toiles devant lesquelles s'extasiaient les invités. Elle avait plusieurs impressionnistes de grande valeur, dont un Monet, un Manet et deux Utrillo Je les regardais toujours avec respect et ses invités avec stupéfaction.

« Mes parents adoraient la peinture, disait-elle timidement. Et puis j'ai parfois reçu de très beaux cadeaux pour avoir aidé certains amis à réaliser de grandes affaires. »

Tout le monde acquiesçait.

Un jour, les impressionnistes disparurent et furent remplacés par des abstraits. Un Braque, deux Picasso de la période bleue, un Bacon. Dans la salle à manger, elle avait accroché quelques hyperréalistes. Andy Warhol côtoyait David Hockney. Je passai devant chaque toile, sans voix.

« Qu'en penses-tu ?

— Mais c'est fou. Pourquoi avoir tout changé ? Et où sont les autres ?

— Je les ai rendus au peintre. »

Tous les tableaux avaient été exécutés par un ami capable de peindre « à la manière de » avec génie.

« Tu comprends, ça bluffe. On se dit qu'avec une fortune pareille j'ai forcément du talent, que je suis forcément quelqu'un de puissant. Ce sont des signes extérieurs de pouvoir.

— L'appartement est bien à toi ? demandai-je, inquiet.

— Non, il est loué.

— Tu dis toujours... »

Je renonçai à comprendre, n'osant même plus regarder ses bijoux de peur de leur trouver l'éclat trompeur du faux.

Elle a progressé rapidement, jouant des coudes, de l'intelligence, du charme, de tous les atouts des carriéristes, maniant le mensonge avec une aisance stupéfiante. Elle est devenue très amie avec le président.

Aujourd'hui, plus personne ne l'appelle Juliette, mais Madame le Ministre. Elle a réussi son parcours sans faute.

Ses ennemis sont morts ou bien la redoutent trop, et ses amis sont nombreux. Elle continue à flatter tout ce qui bouge car on ne sait jamais. Les Français accepteront peut-être un jour un président de la République femme et son ascension est loin d'être terminée. Tant qu'il y aura de la place plus haut, elle montera.

Elle m'invite encore à ses dîners. On s'y ennuie mortellement. Elle m'a proposé des postes mirobolants mais je les ai toujours refusés. Je ne veux pas devenir courtisan.

Parfois, nostalgique, je lui rappelle la Sorbonne, son mari, ses débuts. Elle m'écoute, ravie, comme s'il s'agissait de la belle histoire d'un être cher. Elle a presque oublié ce passé qui l'a créée.

Quand tous les invités sont partis, nous allons dans son bureau de ministre et nous parlons d'elle, de demain ; jamais d'hier. Quelquefois, il m'arrive de la croire triste.

« Tu sais, je me demande... »

Je m'attends à ce qu'elle profère cet « à quoi bon ? » qui guette un jour ou l'autre les gens arrivés ; mais non, pas une vraie carriériste comme elle.

« ... Je me demande si je n'aurais pas dû attendre quelques mois de plus pour avoir un autre ministère, plus important. Enfin, j'ai le temps. »

Hier soir, après m'avoir gentiment congédié, elle m'a regardé tandis que je marchais vers la porte. Je me suis retourné.

« Tu es beau, a-t-elle dit avec quelque chose comme du regret dans la voix.

— Et toi, majestueuse », ai-je répondu en riant pour couper court au malaise qui s'installait.

Elle avait un regard triste ; ses épaules étaient affaissées ; je voyais un peu de désespoir dans ses yeux.

« Tu as raison, dit-elle. Je crois que je ne suis plus vraiment une femme. »

Je sortis en lui envoyant un baiser de la main.

L'avait-elle jamais été ?

Les futures divorcées

« A notre époque, on ne se marie jamais très bien du premier coup, il faut s'y reprendre. »

Alfred CAPUS.

Ça la prend un soir, alors qu'elle cherche à s'endormir.

TF1 a épuisé ses programmes et elle se retourne dans le lit, essayant d'oublier les ronflements de l'homme étalé à ses côtés. Elle l'a plusieurs fois secoué sans succès. Il s'est tu le temps d'une respiration puis a recommencé ses bruits de machine grippée.

Il a bu ; forcément. Les verres de vin deviennent, dans l'esprit de l'insomniaque, des barriques. Il est forcément alcoolique pour ronfler ainsi, se dit-elle, la tête enfoncée dans l'oreiller.

Elle touche la bouche frémissante et les poils d'une barbe négligée râpent la paume de sa main. Elle se souvient du temps où il se rasait le soir. Elle ferme brutalement la bouche ouverte et entend, un peu effrayée, un gargouillis. Les ronflements reprennent. Elle est rassurée, mais furieuse en même temps.

Les yeux grands ouverts, les oreilles à l'écoute du ronfleur, elle se laisse aller à le haïr. D'abord, il y a sa lâcheté, qui a dégradé l'admiration qu'elle lui vouait les premiers mois pour la transformer en mépris.

Elle se rappelle cet homme qui l'avait bousculée. Un fou, qui était sorti de sa voiture pour la gifler parce qu'elle avait frôlé son aile. Elle avait noté le numéro de la voiture en sanglotant et avait écrit d'une main tremblante le nom de quelques témoins indignés.

Son mari, furieux, avait cherché et trouvé l'identité et l'adresse du malotru. Il avait décidé et organisé l'expédition punitive. Elle l'avait supplié d'oublier, sans en penser un mot, fière de le voir prêt à se battre pour elle. Il avait rétorqué qu'il lui devait réparation, qu'il ne pouvait vivre sans ça. Elle avait gémi un « oui » timide et éperdu d'admiration.

Mais le mari n'avait rien fait.

Elle finit par s'endormir et, le lendemain matin, vous téléphone.

« Il est enfin parti à son bureau, dit-elle d'une voix fatiguée. J'ai passé une nuit horrible. Je n'en peux plus. J'ai besoin de te voir. Sais-tu ce que ce salaud m'a fait ? »

Méfiez-vous de cette phrase. La maîtresse que vous aviez connue insouciante, drôle et déconcertante de légèreté est devenue une future divorcée. Préparez-vous des positions de repli.

Cela m'arriva avec Maud. Je reçus un matin l'appel téléphonique fatal.

Nous convînmes du restaurant. Je choisis une table discrète et l'attendis. Maud était mitterrandiste quant à la ponctualité. Je lus et relus le quotidien qui traînait, puis le menu, et me surpris à préparer des répliques de sauvegarde.

Maud arriva enfin, toisa les clients, le patron, puis, m'ayant découvert, fonça vers ma table. Elle se laissa tomber sur la chaise lourdement.

« J'en ai marre, dit-elle.

— Bois quelque chose.

— Heureusement que je t'ai. »

Ma gorge se serra. Je connaissais le processus. Une femme ne quitte un homme que si elle en a un autre sous la main. Avant, tout l'arrête. Les enfants, le qu'en-dira-t-on, les tracas du déménagement, le chien et même le concierge. Je ne parle pas du confort qui est évidemment essentiel. Aucune femme ne quitte un homme pour se retrouver pauvre. Ça s'appelle déchoir.

« D'ailleurs, Gérard n'attend qu'une chose : que je quitte mon mari. »

Les nuages se déchirèrent et le ciel redevint bleu. Je n'étais pas sa prochaine victime, j'avais péché par orgueil. Je n'étais sans doute même pas dans la course, compte tenu de mon statut social et financier. Quoique dépité de ne pas être son seul amant, je fus soulagé. On est de bien meilleur conseil quand on n'est pas concerné. Quelques instants auparavant, j'étais décidé à lui parler de prudence. Enhardi, je l'envoyai chez des avocats.

La méchanceté d'une future divorcée est sans limites. C'est une méchanceté froide, organisée ; à droite, la colonne des avoirs du foyer et, à gauche, la liste de ce qu'elle compte emporter. Les totaux sont très proches l'un de l'autre.

Tout y passait. Maud mangeait à peine tant elle était pressée d'évaluer sa future fortune. Elle additionnait, soustrayait frénétiquement, ponctuant chaque chiffre par des : « Ah ! Le salaud. Ça aussi, il devra le partager. »

Quand arriva le tour des meubles, je me serais cru dans une salle des ventes.

« N'oublie pas l'argent qu'il a dans ses poches », dis-je en riant.

Elle me tendit l'inventaire.

« Fais-le taper. »

Quelques jours plus tard, elle vint dîner chez moi.

« Mon avocat me dit qu'il faut dresser la liste des griefs. Dînons, faisons l'amour et travaillons. »

Vexé d'avoir appris l'existence d'un Gérard, mais me sachant en sécurité, je répondis :

« N'est-ce pas plutôt à Gérard de s'occuper de cela ?

— Tu ne vas pas commencer à être jaloux, s'insurgea-t-elle, ça n'a rien à voir. Ne mélange pas tout. Et puis je ne vais pas dévoiler ces détails sordides à mon futur mari. Il prendrait la fuite en imaginant ce qui risque un jour de lui arriver », ajouta-t-elle le plus sincèrement du monde.

Nous fîmes ce qu'elle avait décidé, y compris l'amour avec beaucoup de tendresse. Maud était un peu plus âgée que moi. Elle avait la maturité des femmes de trente-cinq ans et savait merveilleusement donner et se donner.

On attaqua ensuite la liste des griefs. Nous

étions tous les deux nus. Elle avait remis ses lunettes de professeur et, un bloc dans une main, un crayon dans l'autre, elle notait. Quand elle aborda le chapitre des maîtresses de son mari, je détournai la tête, gêné, et remontai les draps pudiquement.

Tout y passa. Les nuits sans sommeil à cause de ses ronflements, les années d'ennui qu'elle avait vécues aux côtés d'un alcoolique du travail, qui partait à 7 heures du matin et ne revenait que pour dîner rapidement et travailler ensuite. Six années de désir et de nuits gâchées. Ils n'avaient pas d'enfants.

« Finalement, ce qu'il a fait de mieux a été de m'épouser sous le régime de la communauté de biens. »

Maud travaillait beaucoup. Elle était modéliste et vendait des collections à plusieurs fabricants de prêt-à-porter. Gérard était l'un d'entre eux. Le plus important.

« Pourquoi es-tu restée si longtemps avec ton mari ?

— Ça, c'est la question que toute femme se pose, répondit-elle en riant. Je t'attendais. »

Je haussai les épaules.

« Vas-tu épouser Gérard ?

— Sûrement. Je déteste vivre seule.

— En communauté de biens ?

— Non. Après mon divorce, je serai sans doute plus riche que lui. Avoue que ce serait idiot. »

Elle se leva, nous servit deux Coca et revint dans le lit défait.

« J'aimerais rester ici cette nuit.

— Comme tu veux. »

Elle soupira, se ravisant :

« C'est impossible. Mon mari s'en servira contre moi.

— Sait-il que tu veux divorcer ?

— Je le lui dirai demain. »

Elle me raconta la scène quelques jours plus tard.

Maud avait décidé le futur divorcé à l'emmener dîner dans un restaurant qui m'était familier et où ils seraient sûrs de rencontrer des relations d'affaires. Elle savait qu'il n'oserait pas hausser le ton devant son public.

Elle lui dit tout. Gentiment, comme nous le lui avions conseillé, l'avocat et moi. Un constat d'échec, mélancolique mais froid. Elle ferma les portes, les unes après les autres. Quand il essayait de résister, de plaider, de gémir, elle les lui claquait au nez. Elle détruisait avec la détermination de ceux qui n'ont rien à perdre ; qui ont déjà décidé de leur prochaine vie.

Il voulut parler d'argent. Elle répéta ce qu'on lui avait appris à dire :

« Laissons cela à nos avocats. Je ne veux en aucun cas te prendre ce qui t'appartient. Ce n'est pas un problème d'argent. Je m'en fiche pas mal. Le juge décida de ce que tu me donneras. »

Le mari soupira. Il savait déjà à quoi s'en tenir et maudit le notaire, sa famille et tous les imbéciles qui l'avaient persuadé qu'on se mariait pour la vie. Il imagina la maison avec jardin, bien placée à Neuilly, coupée en deux par des scies géantes ; ses actions vendues à perte, le chien qu'il ne verrait plus qu'un week-end sur deux ; et commanda un double cognac. Maud, pendant ce temps, décida de faire poser un téléphone dans sa voiture. Elle attendait cela depuis six ans.

« Rentrons, dit-il après avoir jeté rageusement des billets sur la table.

— Non, je vais habiter quelques jours chez ma mère.

— Salope, tu vas retrouver un amant », dit-il un peu trop fort.

Quelques convives se retournèrent. Il s'en aperçut et blêmit. Il était piégé.

« Partons dignement, dit-elle.

— Je vais t'accompagner.

— Un taxi m'attend depuis déjà pas mal de temps. Mon avocat t'appellera demain. »

Quand elle me raconta la scène, elle semblait frustrée. Presque furieuse.

« Ce crétin d'avocat m'a tellement fait la leçon que je n'ai rien pu lui dire. J'étais muette. Changée en brebis.

— Que voulais-tu lui dire de plus ?

— Je ne sais pas ; que c'est un sale con. Le plus mauvais coup que j'aie jamais connu. Que je déteste tout de lui. Son gros ventre, ses cigares, sa vanité, sa peau, son odeur.

— C'eût été idiot. Tu as choisi de divorcer à l'amiable. A ce prix, tu peux faire un effort. »

Elle haussa les épaules. Je n'avais pas encore

compris que, quand une femme décide d'un divorce, elle organise en fait un meurtre. Elle ne supporte pas de laisser l'ex-mari en vie. Les remords sont plus faciles à supporter que les regrets.

« Tu sais, me dit-elle pensivement, c'était un vrai salaud. »

Maud entamait le processus de destruction.

Je la pris dans mes bras et l'emmenai jusqu'à la chambre. Je la déshabillai et elle se laissa faire.

Pour la première fois, elle ne me donna rien. Il lui restait encore un peu de culpabilité, qu'elle n'avait pas réussi à chasser et qui la paralysait.

Ce n'était que son premier divorce.

Les étrangères

« Habiter Venise ne suffit pas. Il s'agit d'y vivre. »

Sylvie DERVIN.

Un de mes amis épousa une étrangère. Elle ne parlait qu'anglais et lui ne comprenait rien à ce qu'elle lui disait. Qu'importe, ils s'aimèrent et se marièrent. Petit à petit, le temps aidant, ils se comprirent et divorcèrent.

Dites-vous qu'une étrangère peut en cacher une autre. Dans son pays, d'ailleurs, le bibelot exotique passerait totalement inaperçu.

Réfléchissez bien avant de vous emballer.

C'est le piège de la voiture étrangère. Cela fait plus chic, plus mode, mais, à l'usage, cela va vous coûter plus cher. Comme elles ont l'habitude des monnaies dévaluées, zlotys ou cruzeiros, elles acceptent de tout surpayer, la baguette ou le chou-fleur. Il leur faut des taxis par peur de se perdre dans le métro, de nouvelles tenues parce que, dans certaines soirées, le pagne n'est pas encore admis. Elles ont besoin d'être accompagnées partout, de découvrir ce que tout le monde connaît.

Vous apprendrez vite un nouveau métier :

« chauffeur guide » bilingue. Derrière chaque étrangère, il y a une touriste qui s'ignorait et qui va se révéler chaque dimanche. Les grasses matinées seront alors remplacées par des visites de la tour Eiffel ou de l'Arc de triomphe. Cela dit, c'est beaucoup moins cher que ce qui vous attend en semaine : le ticket d'entrée chez Chanel ou Cartier. Autre bonne nouvelle, vous allez vous retrouver petit à petit dans une solitude totale. L'étrangère vous coupera de tous vos amis, qu'elle ne comprendra pas. Et, comme elle refusera de jouer les pots de fleurs *(flower pots)*, elle n'acceptera bientôt plus que des tête-à-tête avec vous. Ne vous inquiétez pas toutefois, vous aurez bientôt l'occasion de nouer de nouvelles relations. Un jour débarqueront les copains d'outre-terre (en attendant l'arrivée des parents de l'étrangère, cataclysme que j'évoquerai plus loin).

Donc, des hurluberlus crasseux, sac au dos, passeront un jour devant le café où vous êtes assis tranquillement avec votre jeune étrangère. Vous les regarderez distraitement.

« *Darling, look...* »

Elle se précipitera, renversant tables et chaises en hurlant des noms bizarres. Une danse de Saint-Guy s'ensuivra sous vos yeux ébahis. Baisers, tapes dans le dos, gloussements et autres manifestations cacophoniques effaroucheront le petit café où vous goûtiez un kir bien mérité.

Il faudra ajouter des tables, des sièges, commander des boissons totalement inconnues de vous comme d'ailleurs du garçon, trouver de la place pour les sacs à dos, entendre les glapissements des olibrius et ensuite payer les sandwiches et les consommations barbares. Un conseil, ne soufflez pas trop vite : « Ouf, ils sont partis. » Vous apprendrez un peu plus tard que les grands boutonneux vous retrouveront le soir pour dîner ; dans l'un de vos restaurants préférés, bien sûr ; lequel, fait exprès, sera empli de vos amis.

Les étrangères sont des mythes. Elles ne résistent pas à l'usage.

Guidigna, ma jolie Brésilienne, ressemblait à un grand singe. Quand nous nous promenions au Bois, j'avais toujours peur qu'elle ne s'élance à l'assaut d'un chêne et ne montre son derrière rose, par ailleurs très joli, aux passants. Parfois, au restaurant, je voyais avec effroi les corbeilles de fruits arriver. Quand elle s'emparait d'une banane, je ne savais plus si nous étions au cirque ou dans une tribu cannibale. J'ai vu des convives défaillir lorsque, après avoir joué avec le fruit, elle l'engloutissait brutalement.

Guidigna était superbe. Grande, très mince, avec des seins très hauts et des fesses fines et rebondies dues à une cambrure ravissante. Même à travers ses vêtements, on sentait la dureté de ses muscles et la douceur de sa peau. On ne pouvait la voir sans rêver de sambas effrénées. Elle était faite de musique, de folie, de parfums enivrants. Lors de notre première nuit dans mon petit appartement, je crus faire l'amour sur la plage de Copacabana. Il y avait du sable dans les draps.

Mes amis étaient fous d'elle. Son accent les envoûtait comme il m'avait charmé. Nous sortions tous les soirs, passant nos nuits à danser, à rire, à nous aimer.

L'hiver arriva. Paris devint maussade et mon singe s'enrhuma. Je me retrouvai avec un petit animal enveloppé de couvertures, le nez rouge et humide, jetant des Kleenex dans tout l'appartement, perdu devant le ciel gris et glacé. Elle ne riait plus et sa musique était devenue triste. Les notes se traînaient lamentablement ; comme elle. L'hiver semblait bien installé, mon propriétaire repoussait chaque jour la remise en service du chauffage et moi je comptais les heures qui nous séparaient du printemps. Rien n'est plus triste qu'un singe en hiver. Je n'eus pas le courage de la voir dépérir et lui rendis sa liberté dès qu'elle eut trouvé un autre appartement, chauffé.

Je me tournai vers des espèces plus rustiques et mieux résistantes. Ce fut ma période Walkyrie.

Je rencontrai Ingrid sur une piste de ski ; de plein fouet. Nous avions viré ensemble, elle à droite et moi à gauche, et notre premier baiser fut brutal. Je me redressai avec difficulté.

« Vous avez une drôle de façon de draguer », dit-elle en s'ébrouant — et avec un épais accent allemand.

Elle était blanche de la tête aux pieds. Je l'aidai à se relever. Comme nous étions tombés à côté d'un restaurant d'altitude, je l'invitai à boire un grog brûlant.

A l'intérieur, elle se déshabilla ; beaucoup, sans jamais pourtant se dénuder. Ota une combinaison, des pull-overs, des chaussettes. Je découvris enfin une grande fille, blonde et magnifique.

Ingrid but trois cognacs, puis me sourit. Elle se leva, sautilla pour faire tomber les derniers flocons de neige de ses cheveux et, constatant mon effroi devant son gigantisme, se rassit en éclatant de rire.

« J'adore la France », dit-elle comme si elle allait l'avaler toute crue. J'entendais déjà les soupirs de réprobation de ma mère juive devant cette invasion teutonne.

J'invitai Ingrid à descendre, puis à dîner.

« Ah ! La bonne cuisine de votre pays, dit-elle goulûment.

— Et les amants français ? demandai-je pour aborder le terrain qui m'intéressait vraiment.

— Pas mal, pas mal, bien que pas très vaillants. Ils sont plus parleurs que baiseurs », ajouta-t-elle avec son accent des faubourgs du Quatrième Reich.

Ma chambre d'hôtel était une chambre de pension toute simple, aux murs recouverts de papier défraîchi. Je venais là depuis des années, aimant le calme qui y régnait. Les habitués s'y couchaient tôt, sagement, et s'obligeaient à éteindre la télé à 10 heures au plus tard. Le bar n'avait encore jamais été ouvert et je volai dans la cuisine une bouteille de rhum destinée à revigorer les crêpes de la veille. L'absence de verres ne se fit pas sentir. J'eus à peine le temps de signaler à Ingrid que c'était de l'alcool que le contenu de la bouteille avait disparu.

« Super », dit-elle d'une voix forte.

Je mis un doigt sur mes lèvres.

« Tout le monde dort.

— *Ach !* »

Je n'eus pas la force de continuer notre conversation. Déjà, elle était nue, jetant ses vêtements aux quatre coins de la pièce.

« Viens vite et prends-moi, dit-elle. J'ai besoin », ajouta-t-elle avec son accent de général prussien.

Elle était vraiment belle, mais je déteste qu'on me force la main, si j'ose dire. Voyant mon désarroi, elle m'attira vers elle ou, plutôt, me jeta sur le lit et entreprit avec fougue et passion de faire de moi un amant. J'eus l'impression que la fameuse Panzerdivision me passait sur le corps. Mes voisins aussi, d'ailleurs. Le lendemain, ils avaient l'air aussi fatigué que moi.

Quand enfin elle s'endormit, je courus dans la salle de bains vérifier l'état de mon corps. J'étais couvert de bleus mais aucun os ne semblait cassé.

Après le petit déjeuner, et bien d'autres choses, elle décida de s'habiller enfin.

« Tu es un bon petit Français, dit-elle. Revoyons-nous ce soir. Je te ferai l'amour à l'allemande. »

Je décidai, avec regret, de changer d'hôtel.

Bien différentes sont les Asiatiques. Elles glissent dans votre vie sans faire de bruit ni laisser de trace, un sourire énigmatique aux lèvres, elles s'approchent sans bruit, vous effrayant toujours. Je sursautais quand je sentais la main délicate de Li effleurer mon cou. Je ne l'entendais jamais arriver.

Des années de famine et de riz bouilli lui avait appris à se battre et à se protéger. La faim justifie les moyens, dit-on en Asie. Elle employait toute son énergie à conjurer une menace : celle de revivre son enfance. Elle n'en parlait d'ailleurs jamais.

Li était arrivée en France à l'âge de douze ans, accrochée à un marin qui s'en débarrassa peu de temps après. Elle avait fait tous les métiers, tous les trottoirs, s'était mariée, puis s'était retrouvée à Paris avec un enfant et un peu d'argent économisé.

Elle était petite et très mince : une statuette d'ivoire. Elle n'avait pas du tout de poitrine et je ne me lassais pas de regarder ce torse d'adolescent, si différent des corps que j'avais connus.

Je l'avais rencontrée à une soirée chez des amis. Elle se tenait silencieuse et immobile dans un coin. Sa robe rouge faisait ressortir ses cheveux noirs et son maquillage trop accentué lui donnait l'air d'une poupée. Elle souriait sans arrêt.

« Pourquoi souriez-vous ?

— Pour montrer que je m'amuse.

— Vous ne vous amusez pas. Vous ne parlez à personne.

— Je m'amuse en moi », répondit-elle sérieusement.

Pendant nos quelques semaines de proximité, elle continua de s'amuser en elle, jamais avec moi. Même quand nous faisions l'amour, elle semblait absente. Elle était d'une douceur extraordinaire, devançant mes désirs et mes fantasmes, sans pourtant jamais se donner vraiment. Comme je ne supporte pas une femme spectatrice, je l'aimais avec d'autant plus de rage, mais en vain.

Ce n'est pas pour ce motif que je la quittai, toutefois, mais pour incompatibilité culinaire. Devoir manger des nids d'hirondelle, des ailerons de requin, des pousses de bambou et du nuoc mam à chaque repas donne vite le mal du pays.

Je fantasmais sur des bœuf miroton et des moules marinière ; le soir, avant de rentrer, je me glissais, furtif, dans une brasserie pour avaler un steack-frites en cachette comme d'autres vont au sex-shop... Etant en outre assez maladroit, je maniais les baguettes avec difficulté et les menus s'inscrivaient régulièrement sur mes cravates, vestes ou pull-overs. Rien ne glisse plus aisément des baguettes qu'un morceau de canard aigre-doux trempé dans une sauce piquante, rien ne tache plus irrémédiablement, aussi. On entend d'abord le claquement des bâtons d'ivoire qui s'entrechoquent et, dans l'instant qui suit, on retrouve le canard fugueur sur sa chemise.

Mon teinturier fut le seul à pâtir de ma rupture avec Li.

J'explorai ensuite le Middlewest. Elle s'appelait Jennifer et, n'ayant pas réussi à conquérir l'Amérique, avait convaincu ses parents de lui offrir un aller simple pour Paris. Une agence avait transformé cette jeune et jolie provinciale un peu gauche en mannequin ravissant, ce qui lui avait permis d'intéresser des photographes de talent.

Je la rencontrai chez un ami, photographe justement, puis la revis à une première de cinéma. Le dîner qui suivait le spectacle menaçait d'être ennuyeux. Nous nous échappâmes et je l'emmenai dans un bistrot.

Les Américaines ne parlent qu'américain et refusent catégoriquement d'apprendre une langue étrangère. Elles partent du principe que leur race est supérieure et qu'il appartient aux autres peuples de se hisser à leur niveau.

Le premier dîner faillit être le dernier.

« Je n'aime ni la France ni les Français, me dit-elle. Tout y est petit et mesquin. Quant à la supériorité des Français en amour, laissez-moi rire. »

Ce qu'elle fit, sans écho de ma part. J'ai toujours eu tendance à n'écouter les femmes qu'avec les yeux. C'était Bécassine et je croyais entendre Kissinger.

« Tu sais, chez nous, les hommes sont pleins de muscles. Ils sont superfoutus. »

Là, j'étais d'accord mais, gentiment, je corrigeai.

« Superbement foutus.

— Si tu veux, en plus ils ne pensent pas petit esprit. Ils sont loyals.

— Loyaux.

— Tu m'emmerdes.

— Enfin du bon français, dis-je.

— Non, mais ils ont une pureté — Ils parlent vrai — Ce sont des sportifs — Physiquement et moralement. »

Je renonçai.

Un soir, je l'emmenai dîner. Je garai la voiture et partis vers l'adresse indiquée. Je parlais. Personne ne me répondait. Je me retournai et ne la vis pas. Je rebroussai chemin, retrouvai la voiture et la découvris, assise, fumant une cigarette dans le noir. J'ouvris la portière.

« Enfin gentleman », dit-elle.

Elle sortit du véhicule et prit mon bras.

« J'ai cru que tu étais redevenu un Français mal élevé. »

J'aimais la montrer. La ramener chez moi avait moins d'intérêt. Si son appréciation des Français était peu flatteuse, la mienne en ce qui concerne les Américaines l'était encore moins. L'amour était devenu avec elle un exercice hygiénique nécessaire à la bonne santé de nos corps, mais d'un ennui mortel.

Pour la sauvegarde de sa peau, elle se démaquillait à peine rentrée ; puis elle se décoiffait pour laisser ses cheveux respirer. Elle troquait ses vêtements de mannequin à la mode contre de vieux pantalons trop larges et trop courts de ménagère américaine et s'effondrait sur le lit, ne se relevant que pour grignoter la tranche de jambon que je lui avais préparée. Les dîners devaient être légers, elle n'avait pas le droit de grossir ; moi, je maigrissais à vue d'œil.

Le matin, elle se levait très tôt et, pendant que je cuisinais un petit déjeuner à l'américaine avec œufs, bacon et porridge, elle se faisait une tête de mannequin. Cela lui prenait un temps fou. Je la regardais ensuite engloutir le repas que j'avais préparé, spectacle qui me laissait barbouillé jusqu'à midi.

Heureusement, le pire arriva ; c'est-à-dire sa famille. Père, mère et frère débarquèrent un matin chez moi, leur chambre d'hôtel n'étant pas prête. Ils étaient épuisés par la nuit passée dans l'avion, leurs vêtements voyants étaient chiffonnés. Ils ressemblaient à des caricatures d'Américains. Le fils, un jeune homme immense et longiligne, aux cheveux coiffés en queue de cheval, mâchait du chewing-gum.

Ma femme de ménage les regardait, terrorisée ; moi aussi, d'ailleurs. Ils avaient pris possession de mon petit appartement avec un sans-gêne inouï. Le père s'était déshabillé et se promenait en caleçon et en tee-shirt. L'abus fut à son comble lorsqu'ils commencèrent à déballer une partie de leurs sacs et valises.

Jennifer sautillait de joie, me prenait à témoin, gloussait des « Dad » et des « Mom » ravis. Elle était redevenue la petite fille d'une famille ordinaire du Middlewest.

Je compris enfin que les mannequins ne sont mannequins que le temps de leurs séances de pose et que rien ne doit être pire que de vieillir avec des photos qui jaunissent.

Décidé désormais à éviter les étrangères, j'achetai une Renault et courus les dîners à la recherche d'une Française.

Quelques semaines plus tard, je rencontrai une jeune femme directrice commerciale dans un grand laboratoire pharmaceutique. Elle était pleine de charme ; pas très jolie, mais passionnante. Je me sentais attiré par son intelligence et je devinais qu'elle avait envie de mieux me connaître. Malheureusement, elle avait un léger accent. J'abandonnai, un peu triste mais fidèle à mes nouveaux principes.

Le hasard voulut que je la rencontre quelques mois plus tard avec un ami dont elle était tombée très amoureuse. Ils avaient l'air heureux. Un vrai couple. Je fus un peu jaloux.

« De quel pays êtes-vous ?, finis-je par lui demander.

— Française, pourquoi ?

— Votre accent ?

— Ce doit être parce que je suis berrichonne. »

Pour me consoler, je me dis que le Berry était notre Middlewest.

Les femmes entretenues

« La femme ne voit jamais ce que l'on fait pour elle. Elle ne voit que ce qu'on ne fait pas. »

Georges COURTELINE.

Se faire entretenir est un travail à temps complet. Cela demande beaucoup d'application et d'implication, d'intelligence et de persévérance ; ne jamais céder à la facilité, se garder en permanence des attaques de la concurrence et se montrer toujours vigilante.

Contrairement à la plupart des emplois, le licenciement est catastrophique. Une femme entretenue déchue est mal en point car, dans ce milieu, il n'y a ni de Sécurité sociale ni d'allocations chômage, encore moins de retraite. Il faut gagner beaucoup, vite et le plus longtemps possible.

Un milieu de prostituées, direz-vous. Pas du tout. On ne peut comparer le talent qui permet à une femme de ruiner un homme à cette « aumône », si j'ose dire, donnée entre deux trottoirs.

C'est au contraire un grand métier dans lequel les femmes excellent depuis que le monde existe. Au temps des cavernes, elles se faisaient rapporter des buffles ; puis, un peu plus tard, des chevaux et des carrosses ; et, aujourd'hui, selon leur talent, des Rolls ou des Ferrari ; une Renault 5, jamais. Ne confondons pas se faire entretenir et mendier.

Il faut commencer jeune car le temps opérationnel est court. Cela dit, la chirurgie plastique a fait considérablement progresser le métier — un peu comme l'informatique pour les affaires —, soit en aidant les presque jolies à devenir irrésistibles, soit en reculant l'âge de leur retraite.

A trente ans, une femme n'est plus finie !

Il existe de nombreuses façons de se faire entretenir. La première consiste à se faire adorer par un homme fortuné. C'est la solution la plus classique, mais aussi celle qui demande le plus d'efforts. Il faut bien donner de temps en temps, et la plupart des hommes qui entretiennent n'inspirent guère de folles passions. Détaillez le compagnon d'une femme entretenue. Je sais que votre propre femme lui trouve du charme. Dites-lui toutefois qu'il est ruiné et vous la verrez changer d'avis. Imaginez-le donc nu, ce monsieur, déambulant dans le salon, buvant un dernier verre. Ce n'est plus un travail, mais un sacerdoce.

Une autre façon est le divorce pension. Divorcer intelligemment d'un homme riche peut procurer une rente annuelle confortable, qui n'exclut pas en outre quelques travaux complémentaires pour arrondir les fins d'année. Un bijou par-ci, par-là n'a jamais fait de mal à personne et peut se revendre quand les temps deviennent durs.

Cela dit, l'idéal est l'héritage. Epouser un vieux monsieur fortuné dont on devient la veuve est de loin la meilleure solution. Encore faut-il que celui-ci ne s'incruste pas trop longtemps. Je plains les pauvres filles qui attendent des années durant leur veuvage. Le monsieur finit heureusement par partir et c'est grandiose de les voir entrer dans l'église, la tête recouverte d'une voilette noire, les yeux pleins de larmes, cherchant déjà une nouvelle proie parmi les invités. Il ne leur faudra que quelques mois, voire quelques semaines, pour trouver leur prochaine victime.

Nos femmes entretenues sont plus que parfaites. Elles savent chasser sous toutes les latitudes, conduire les bateaux les plus rapides, parler Bourse, chevaux ; recevoir les plus grands, ne faire aucune faute de goût ; s'habiller en Chanel l'après-midi et en Saint Laurent le soir, parler l'anglais et donner les bons titres à leurs invités.

Je me souviens d'Eléonore, qui s'appelait en fait Marie-Odile sur son bulletin de naissance. Elle avait, très jeune, épousé un grand de ce monde qui était mort en lui laissant son titre. Elle l'avait bien mérité, ayant passé des années à attendre qu'il décédât et à se lamenter sur sa robe noire qui se démodait au fond du placard. Elle en rachetait une tous les ans pour ne pas être prise au dépourvu le jour de l'heureux événement.

Elle était donc devenue jeune princesse, ce qui, prétendait-elle, lui permettait de pénétrer les cercles les plus fortunés du monde et de rencontrer des pedigrees dignes de la comtesse de Ségur, née Rostopchine.

Elle avait des cheveux très bruns et des yeux-verres de contact mauves. Eléonore parlait avec un accent étrange dont l'origine était lointaine et indéfinissable. Il lui arrivait de perdre ce ravissant accent quand elle se mettait en colère et j'assistais alors à l'explosion d'une princesse des pires faubourgs de la banlieue de Paris.

Eléonore avait pour ami de raison un notaire fortuné qui vivait confortablement des appartements qu'il volait à des veuves éplorées, ravies d'échanger un peu de réconfort contre des mètres carrés lointains.

Elle avait aussi ses extras. Elle partait pour de longs week-ends et revenait embijoutée de neuf, laissant croire au notaire que bracelets ou bagues étaient des attentions délicates de sa mère. La pauvre mère ayant depuis longtemps épuisé toute source d'héritage était ravie de jouer un rôle de mécène dans cette pièce un peu scabreuse. La liste de ses gendres s'allongeait ; beaucoup avaient d'ailleurs son âge.

Parfois, Eléonore éprouvait des élans d'honnêteté, presque des remords. Il m'appartenait alors de la consoler. Elle venait chez moi avant de dîner et me racontait tout. Je l'avais connue pauvre et, à l'inverse de la plupart des femmes entretenues, elle ne m'en voulait pas. Bien au contraire, elle avait fait de moi son confident et son ami.

Elle avait un procédé infaillible pour gagner sur tous les tableaux. Elle choisissait un bijou cher qui lui plaisait et décidait de se le faire offrir. Elle en parlait au notaire, puis à l'extra du moment. Les deux l'achetaient. Eléonore s'entendait avec la vendeuse : elle prenait le bijou et la vendeuse lui remboursait en liquide le second règlement. Elle avait le bijou et l'argent du bijou. Les deux mécènes n'y voyaient que du feu et croyaient la posséder puisqu'elle portait leur bracelet. Ils se voyaient propriétaires sans savoir qu'ils ne l'étaient qu'à moitié : le partage à 50/50 fait les plus belles associations. Avec l'équivalence perçue en liquide, Eléonore faisait vivre famille et amis.

Comme toutes les femmes entretenues, elle était charitable et abreuvait ses proches de pensions et de cadeaux. Sa mère ouvrait des boîtes de conserve en déshabillé Dior et sa sœur la jalousait en Sonia Rykiel. Parfois, je la traitais de multinationale puisque, à elle seule, elle faisait vivre une véritable société.

Le soir, son notaire l'exhibait avec fierté de cocktails en dîners. Elle était son signe extérieur de richesse, la preuve de sa réussite, et il la couvrait de cadeaux. « C'est à moi », semblaient dire ses yeux lorsqu'il la regardait.

Elle lui montrait toujours une amie mieux entretenue qu'elle et l'agaçait jusqu'à ce qu'il cède et augmente son mois — qu'elle appelait crûment son dû.

« Les épouses reçoivent bien leur mois. J'ai plus de frais qu'elles », disait-elle.

Elle percevait donc un salaire, souvent de plusieurs employeurs à la fois.

Quand elle voulait quelque chose, elle devenait un véritable stratège et s'y prenait avec une intelligence qui m'épatait. En se faisant par exemple faire la cour, devant lui, par un homme qu'il jalousait ; en devenant distante ; en lui parlant de leur différence d'âge. Il finissait par tout accepter pour faire cesser ce supplice et, bien sûr, cédait sur l'objet convoité.

Le « tes enfants auront tout et moi je te pleurerai dans la misère » avait rapporté à Eléonore un joli appartement qu'elle n'habitait pas — en ayant déjà un —, et qu'elle louait en bonne gestionnaire.

Elle se fixait un chiffre à atteindre en début d'année et faisait de cette somme une réelle obsession.

« J'ai un peu d'avance, me disait-elle parfois, ravie. Je suis à plus 200 par rapport à la même période de l'année dernière. On va fêter ça. Invite-moi à déjeuner. »

Je croyais entendre le directeur financier du journal. Sauf que lui était toujours à moins quelque chose.

Sur un carnet, elle notait ses prochaines victimes éventuelles. Ils étaient tous semblables. Plus très jeunes, vivant seuls ou avec une épouse insignifiante, parfois avec une concurrente vieillissante ; et, bien sûr, riches. Dès qu'elle les devinait à sa portée, ils entraient dans son carnet avec toutes les informations nécessaires à un plan d'attaque réussi. Elle préférait les hommes qui entretenaient déjà une femme.

« Qui a payé paiera », disait-elle cyniquement.

Elle se trompait rarement.

Les hommes mariés depuis lontemps étaient également une cible. Elle étudiait le comportement de l'épouse, puis s'ingéniait à devenir son contraire. Quand le mari se plaignait d'une femme trop lente à se préparer, elle s'habillait en quelques minutes. Elle prenait une seule valise pour voyager, pour le changer de la garde-robe complète ou de la multitude de petits sacs que sa femme emportait habituellement.

Elle flattait. C'était sa meilleure arme. Sachant que, n'étant plus dupes, peu d'épouses admirent encore leur mari après de nombreuses années de mariage, elle spéculait sur la vanité de sa victime. Rien ne lui semblait exagéré. Elle trouvait au plus laid le détail qui plaisait. On peut être petit, gros et chauve et avoir un joli nez. Elle le flattait en public sur ses performances sexuelles, sur son intelligence, son charme ou ses succès féminins, même si ceux-ci dataient un peu. Elle faisait de gentilles scènes de jalousie. Elle excellait dans l'art d'être femme et maîtresse.

Le notaire restait en toile de fond, revenant quand elle le jugeait bon, car elle savait que ses absences ne la rendaient que plus désirable.

Eléonore vivait seule, dans un petit appartement offert au début de sa carrière par un premier admirateur. Elle en avait fait un endroit chaud et accueillant que les hommes appréciaient. C'était un havre de paix que la brutalité du dehors n'atteignait pas.

Elle gardait farouchement cette indépendance, même si elle passait souvent ses nuits chez l'autre. Les hommes s'ingéniant à vouloir mettre les femmes en cage, le refus d'Eléonore les rendait encore plus amoureux. Ils faisaient tout pour l'annexer et elle en profitait largement, promettant chaque soir de rester et rentrant chez elle le lendemain.

« L'essentiel, disait-elle, est de ne jamais ressembler à une épouse. De ne pas être gagnée. Sinon, il cherchera une autre maîtresse qui s'enrichira sur mon dos. Je n'aurai plus droit qu'aux pourboires. »

Elle les habillait, les obligeait à changer de lunettes, de look. Non parce que cela s'imposait, mais pour les obliger à rompre avec leur passé. En même temps, elle se rendait indispensable, devenant l'arbitre de leur élégance. Elle fréquentait toujours les mêmes magasins, leur faisant croire qu'elle avait longuement cherché ce qui leur irait le mieux. Ses amants ravis se laissaient faire. Ils se rencontraient parfois. Elle se sortait toujours habilement de ces situations en prétendant qu'il s'agissait d'un cousin ou d'un oncle qu'elle avait dû accompagner dans ce magasin.

Elle redécorait les appartements de ses

amants. Une amie décoratrice l'aidait en sous-main, lui laissant la gloire et une partie des commissions. Cette amie ayant du goût et du talent, les clients étaient ravis. Ils espéraient que le décor créé par Eléonore ne pourrait que l'attirer chez eux. Eléonore refusait gentiment. Elle se voulait de passage.

« Je reste tant que c'est beau », disait-elle... Et tant que tu en as les moyens, pensait-elle.

Elle me conseillait sur ma vie sentimentale, exigeant de rencontrer mes conquêtes. Elle sentait venir de loin les femmes intéressées et m'obligeait à les fuir.

« Tu n'as pas assez d'argent, disait-elle. Elle te ruinera trop vite et tu n'en profiteras même pas. »

Elle me présentait, de temps en temps, des jeunes femmes. Ennuyeuses et honnêtes. Tout ce que je déteste. Elle m'expliquait qu'elles étaient le type de femme qui me convenait. Elle se méfiait de toutes celles qui lui ressemblaient.

Nous dînions parfois chez son ami notaire — qu'entre nous nous appelions son « bienfaiteur » — et elle lui demandait de m'apprendre à gérer mes maigres économies. J'écoutais, j'approuvais et je promettais de mettre ses conseils en pratique. Elle était ravie.

Elle venait quelquefois chez moi, m'appelant au préalable de sa voiture pour savoir si j'étais seul. Il nous arrivait de faire l'amour.

J'étais complice de sa vie et, d'une certaine façon, je l'admirais. Nous ressemblions presque à un couple.

« Pourquoi ? » lui demandai-je un jour, après une sieste très tendre.

Elle rit.

« Tu es un peu mon port d'attache. Et puis il n'y a pas de question d'argent entre nous. C'est différent, plus vrai ; comment te dire ? C'est gratuit. »

Pour la première fois, je fus sincèrement heureux d'être pauvre.

Les femmes fidèles

« Les femmes fidèles sont toutes les mêmes, elles ne pensent qu'à leur fidélité et jamais à leurs maris. »

Jean GIRAUDOUX.

Que peut bien raconter une femme fidèle, le soir, à son mari, quand il rentre après une dure journée de travail ? Rien.

Même si elle a été très occupée, a rencontré des tas de gens, a vécu cent péripéties, il lui manquera cette fantaisie qui enjolive les propos des femmes adultères.

La fidélité rend triste. « Je suis fidèle, donc je n'ai plus rien à prouver. » Comme si ne pas tromper son mari était une fin en soi, l'acte suprême qui se satisfait de lui-même.

On peut être l'ennui incarné, faire une cuisine à pleurer, avoir les cheveux sales, s'habiller comme une souillon, ne rien dire dans les dîners. Du moment qu'on est fidèle, ça n'a pas d'importance. Tout est pardonné d'avance.

Eh bien, non !

Les hommes préféreront toujours des femmes gaies, pleines d'humour, avec dans les yeux une pointe de malice et d'invite.

Monique était jolie — un peu plus âgée que

moi, mais très attirante. Elle travaillait chez un courtier en assurances qui suivait mes dossiers. Ma distraction occasionnant un certain nombre d'incidents et parfois d'accidents, nous nous rencontrions souvent. Son mari était banquier. Sous-directeur, disait-elle avec fierté, ce qui me faisait rire car les « sous-quelque chose » ont toujours eu pour moi une image un peu dévalorisée. Il avait précédemment été chef de cabinet, sous un autre régime, et cela me semblait encore plus comique. J'imaginais toujours le brave garçon gardien de toilettes.

Il était arrivé une histoire terrible au sous-directeur, histoire que j'avais trouvée désopilante malgré le ton sérieux avec lequel elle me l'avait racontée.

Ils avaient un chien. Un schnauzer de taille moyenne, gris, nerveux et, paraît-il, bon chasseur. Ce chien dormait au pied du lit, gardant le foyer conjugal, les sens toujours en éveil.

Une nuit de grande chaleur, le mari se leva pour aller chercher de l'eau. Il n'alluma pas afin de ne pas éveiller sa femme et partit en tâtonnant vers la cuisine. Il faisait très chaud et le sous-directeur dormait nu.

Le chien, cherchant la fraîcheur, avait quitté sa couverture pour s'endormir sur le parquet.

Le pied du sous-directeur le frôla.

Monique fut réveillée par un hurlement strident. Elle alluma et, encore à moitié endormie, vit son mari, debout, nu comme un ver, les jambes écartées et le chien pendu à ses testicules, les crocs enfoncés dans la chair tendre.

Une vision d'horreur que seules rendaient crédibles les grimaces de souffrance du mari et ses efforts pour s'arracher à la gueule du schnauzer. Celui-ci tenait une proie; il n'était pas question qu'il la lâchât.

Il fallut appeler le Samu et emmener l'infortuné sous-directeur à l'hôpital. Il lui fallut des mois pour s'en remettre. Le chien, heureusement, n'avait éliminé qu'une partie des parties et le sous-directeur put continuer à vivre en mari.

C'était horrible mais, chaque fois que j'imaginais la scène, je ne pouvais m'empêcher d'en rire.

Nous déjeunions parfois, après un rendez-vous. Elle était blonde, pas très grande, mince, avec une peau très douce. J'adore les jolies peaux. On a envie de les caresser, de glisser sur elles.

Je lui parlais d'elle et moi. Elle me répondait elle et lui. Une famille modèle. Fiancés à vingt ans, mariés l'année suivante, deux enfants, un bon petit train de vie et un amour qui était passé progressivement de la folie à la tendresse, de la possessivité à l'amitié, de la jalousie à la complicité.

Elle était devenue la candidate parfaite pour l'adultère et je la courtisais gentiment; je lui envoyais des fleurs, lui prenais la main, racontais des histoires érotiques.

Je l'emmenai un après-midi chez moi. Un deux-pièces confortable dans l'île Saint-Louis avec des poutres partout. Comme j'adore la peinture, mes murs disparaissaient sous les tableaux de peintres inconnus à jamais, mais talentueux à mes yeux. Le salon offrait d'immenses divans et la chambre un lit à vivre. Il était assez grand pour abriter toutes les amours d'une existence.

« J'ai follement envie de vous.

— C'est gentil », répondit-elle sans rougir.

Les femmes fidèles ne rougissent pas. Elles se savent invulnérables et n'ont donc aucune raison d'être déstabilisées. Elles prennent au contraire une expression protectrice et amicale.

« Mon envie n'est pas gentille. Je vous désire comme un fou. Je rêve de vous, je vous imagine nue, contre moi. Je sens votre odeur, je caresse votre corps, je vous abandonne le mien.

— C'est gentil.

— Arrêtez de dire cela. Je ne veux pas de gentillesse. Je veux votre désir, votre folie.

— Mais je suis mariée.

— Et alors, vous n'êtes pas morte ! Etre mariée n'empêche pas d'aimer, d'avoir envie de se donner, de vivre.

— Je n'ai jamais trompé mon mari. Je ne le pourrais pas. Ce serait le trahir, gâcher notre couple.

— Vous n'avez pas besoin de le lui raconter. Ce sera notre secret. »

Elle secoua la tête en souriant tristement.

« Je serais obligée de le lui dire.

— Mais enfin, c'est idiot. Vous êtes mariée depuis dix ans. Vous ne l'avez jamais trompé ?

— Non, et j'en suis très fière... »

Le mot était lâché. Sa fidélité était sa fierté. Le seul rempart contre la monotonie de sa vie. Une bouée qui permettait de garder la tête hors de l'eau ; elle avait bien mérité de son mariage et de la société. On aurait dit une décoration qu'elle accrochait sur sa poitrine comme le font ces vieux combattants qui n'ont rien d'autre à montrer.

Je la raccompagnai chez elle, désolé et furieux devant ce gâchis. Elle nous faisait du mal à tous les deux ; et sans doute à son mari. Car les femmes fidèles empoisonnent, sans s'en rendre compte, la vie de leurs maris. « Faire l'amour avec sa femme est déjà très ennuyeux, me disait un ami, mais si en plus elle n'y met pas le piquant de l'infidélité, ça devient l'enfer. »

Elles se jettent dans les fantasmes, rêvant tantôt du meilleur ami de l'époux, tantôt du boucher ou du plombier. Elles deviennent des maîtresses imaginaires, vivant, avec les différents hommes qu'elles côtoient, des aventures qui restent cependant très sages. Elles ne prennent jamais de risques, même en rêve. Une main que l'on baise ; une caresse dans les cheveux ; une esquisse de baiser. Parfois, un homme nu, dans la pénombre, s'approche de leur lit. Alors elles ferment les yeux et le chassent bien vite. Elles sont fidèles jusque dans leurs pensées et le fantasme le plus pudique suffit à leur donner de grands frissons.

Peut-être avez-vous fait partie d'un de ces scénarios. Elle vous imaginait dansant, la serrant dans vos bras, déposant un baiser sur sa nuque.

Votre corps collé au sien. La musique, l'alcool lui donnaient chaud. Une goutte de sueur glissa entre ses seins et l'odeur de son parfum vous rendit fou. Elle sentit votre désir et un sourire flotta sur ses lèvres. Vous eûtes soudain les traits d'un chanteur préféré... Elle rouvrit les yeux et, rassurée, reconnut son mari.

Parfois, les fidèles parlent cru. Monique était souvent choquante dans ses propos. Mais les femmes sont comme les hommes, plus elles en parlent, moins elles le font. Méfiez-vous des femmes qui racontent des histoires osées ; qui se complaisent dans un vocabulaire grivois ; qui vous tapent sur l'épaule en vous demandant si vous préférez faire l'amour sur le dos ou sur le ventre et qui ensuite vous expliquent toutes les positions possibles. N'égarez pas votre main sur leurs fesses car elles seraient capables de vous faire emprisonner pour viol.

La femme fidèle adore jouer à celle qui ne l'est pas. Elle se donne des frissons sans trop de risques. Cela dit, rien n'est plus énervant pour un mari. Le « si je voulais, je pourrais » qu'elle jette, en permanence, à la tête du pauvre homme finit par le miner. Donner l'image du cocu sans l'être est le comble du ridicule.

Lui, il sait ; mais les autres ? Il a beau se dire qu'ils devinent la vérité car, serait-elle réellement infidèle, elle jouerait les épouses sages, il redoute que certains ne la croient — et ne tentent leur chance. Pour elle, c'est tout bénéfice. Parce que plus il doute, mieux il lui fait l'amour. Quelquefois, il le fait même en milieu de semaine.

Il advient qu'à un certain âge la femme fidèle craque.

C'est ce qui finit par m'arriver avec Monique, après quelques années qui avaient refroidi mon désir, alors que je n'espérais plus rien depuis longtemps. Je ne la rencontrais plus qu'à propos de mes dossiers d'assurances, mais, par acquit de conscience, je continuais de lui baiser la main, de la flatter sur sa coiffure et de l'inviter, de temps en temps, à passer un week-end à la campagne — une gentillesse qui ne me coûtait rien et la rassurait sur son pouvoir de séduction.

Un vendredi soir où j'étais passé chez le courtier, je lui fis en sortant ma proposition habituelle et j'eus la profonde stupéfaction de la voir acceptée !

Pris au dépourvu — je n'avais rien prévu pour le week-end —, je la ramenai chez moi.

Elle était plus drôle et plus gaie que d'habitude, elle réclama du champagne et m'avoua, après quelques flûtes, qu'elle avait quarante ans ce jour-là. Avait-elle décidé d'enterrer sa vie de femme fidèle ? C'est ce que j'eus le malheur de croire. Je la poussai dans ses retranchements, elle capitula.

Elle était un peu timide, gauche. Il fallut éteindre la lumière ; je pensai que c'était à cause de notre différence d'âge. Les femmes détestent qu'un homme plus jeune puisse juger leur corps.

Elle était maladroite, avec par moments des élans de tendresse adorables.

Ensuite, elle pleura — longtemps. Mon inexpérience m'empêchait de bien la consoler. Je caressais ses cheveux, ne sachant trop quoi faire.

« C'est la première fois... », dit-elle.

Je me mépris. Mes conquêtes m'avaient souvent expliqué que j'étais le deuxième (les femmes n'ont que deux hommes dans leur vie et comme nous sommes rarement le premier...), mais jamais je n'avais connu une femme mariée vierge.

« La première fois que je trompe mon mari... »

J'étais rasséréné et bêtement fier.

« C'est affreux... »

Je l'étais moins.

« Que va-t-on faire ?

— Se revoir. On déjeunera et, quand ton mari partira en voyage, on dînera. On fera l'amour de temps en temps.

— Non, ce n'est pas bien. »

Dans les jours qui suivirent, elle m'appela à peu près toutes les heures. Quand son mari était là, elle murmurait d'une voix étouffée :

« Je t'aime. J'ai besoin de toi. C'est terrible ce que j'ai fait. Je n'ose plus regarder mon mari en face. Est-ce que tu m'aimes ?

— Bien sûr. »

Un soir, elle me téléphona. Sa voix était claire, presque joyeuse.

« Je suis follement heureuse, dit-elle. Je suis avec Jacques. Je lui ai tout raconté.

— Tu es folle ?

— Mais non, mon chéri. Tu verras, ce sera très simple. Lui aussi a des aventures. Il m'a tout avoué. Pas comme la nôtre, bien sûr, pas aussi belle, mais ça lui permet de nous comprendre. On va divorcer. Sans problème. D'ailleurs, il veut te rencontrer. Je lui ai tant parlé de toi. »

Je crus que le ciel me tombait sur la tête. Tout à coup, les murs de mon appartement devenaient trop étroits.

« Tu m'entends, amour ? »

Ce fut la seule fois de ma vie que j'eus un peu de présence d'esprit avec une femme.

« Mais, chérie, c'est impossible. Je suis secrètement marié. »

Je raccrochai lâchement et sortis dîner. Pendant des semaines, je rentrai chez moi en rasant les murs, persuadé qu'elle ou son mari m'attendaient, un revolver à la main.

Depuis, je suis la prudence même. Chaque fois que je rencontre une femme mariée, j'essaye de la faire parler de ses amants. Ce n'est qu'avec une quasi-certitude que j'ose la courtiser.

Car, avec les femmes, qu'elles soient mariées ou non, il ne faut jamais être le premier.

Les femmes infidèles

« Les curés sont consolés de ne pas être mariés quand ils entendent les femmes se confesser. »

Armand Salacrou.

« Mon mari me trompe — soit. Mon amant aussi, ce qui est un comble, et celui que je convoite est fou amoureux d'une pimbêche. Mets-toi à ma place... »

Isabelle était hors d'elle. Elle arpentait la pièce nerveusement, laissant fumer plusieurs cigarettes dans différents cendriers.

« Comprends. Je suis peut-être la plus infidèle des femmes et, soudain, tous me trompent. Je suis entourée de salauds. »

Babil ravissant, surtout lorsqu'elle est en colère. Ses cheveux sont bruns avec des éclairs roux, sa peau est mate. Elle est grande, pulpeuse, avec un corps qui semble se déchaîner en permanence sous des vêtements créés par quelque exhibitionniste.

« Calme-toi. C'est le monde à l'envers...

— Ah non ! Tais-toi. Ce n'est pas le moment ni le lieu de me faire la morale. Tu es pire qu'eux. Tu oublies peut-être à quoi nous étions occupés il y a quelques minutes, dit-elle rageusement. Mais peut-être faisais-tu semblant de t'envoyer en l'air...

— Isabelle, implorai-je. Pas toi. »

Isabelle est la plus grande des infidèles. Aucun de ses hommes ne peut passer sous une porte sans rayer la peinture des chambranles. Son mari est non seulement cocu, mais très entouré. Car, en outre, Isabelle a besoin de les avoir tous à sa portée.

— Tu es pire que nous... », dis-je.

Elle me toisa.

« Tu me fais pleurer de tristesse. Je suis une femme. Comme les autres. »

Elle recula pour mieux se draper dans sa théorie, que je connaissais par cœur.

« Tu crois encore aux hommes volages et aux femmes fidèles ? Idiot. Mathématiquement, c'est impossible. Pour que les hommes soient infidèles, il faut bien que des femmes les aiment. Croyons donc à l'égalité des sexes et admettons une bonne fois que tout le monde trompe tout le monde. J'ai appris le plaisir à quinze ans. Comme toi probablement. Vous n'avez pas le monopole. »

Elles nous trompent d'ailleurs d'autant mieux qu'elles sont moins soupçonnées. On prête moins facilement d'aventures aux femmes ; on les imagine pures, incapables d'hypocrisie, conformes au mythe de l'immaculée. Un peu comme cet archevêque auquel on donnait le bon Dieu sans confession alors qu'il vidait, en douce, les troncs de ses églises.

« Le drame, c'est que vous le faites mal. Vous

ne savez pas vous y prendre, dit-elle en haussant les épaules.

— C'est vrai. Nous le faisons beaucoup moins bien que vous et culpabilisons dès que nous vous trompons ; téléphonant amoureusement à l'épouse la minute suivante, pour obtenir inconsciemment notre pardon... »

Ce faisant, il nous arrive de la surprendre alors qu'elle vient de se remaquiller après nous avoir trompé, elle aussi. (A propos, méfiez-vous des maquillages frais.)

En réalité, les femmes sont beaucoup plus fortes que nous puisqu'elles peuvent, après un après-midi endiablé, nous aimer le soir même avec passion. A l'inverse, nous ne rêvons que d'un sommeil réparateur ou, au moins, de tranquillité. Nous pouvons à la rigueur aimer une maîtresse après une épouse, jamais l'inverse. Les hommes se fatiguent plus vite.

L'infidélité nous marque, moralement et physiquement. Elle ne fait que glisser sur elles. Nous avons souvent des remords. Elles n'ont que des regrets. Elles se jettent dans l'infidélité avec méthode. Nous le faisons sans intelligence, nous empêtrant dans des contradictions qui gâchent une grande partie de notre plaisir.

La duplicité des femmes est mille fois plus grande que la nôtre. Nous oublions dans nos poches les preuves les plus accablantes ; sur nos cols, les traces les plus roses et, sur notre peau, les parfums les moins masculins. On ne peut pas toujours exiger des maîtresses qu'elles portent le même parfum que l'épouse. Pris en faute, nous devenons penauds, balourds. Nous n'arrêtons plus d'expliquer, de nous justifier. Notre seul discours suffirait à donner des soupçons à la femme la moins curieuse.

Donc, prenons-en notre parti ; les femmes sont infidèles et le sont beaucoup mieux que nous. La seule grande règle à respecter est de ne jamais chercher à savoir.

Ma femme me trompe ! Que faire ? Rien. Les femmes trompées sont dignes alors que les maris cocus sont ridicules. Mieux vaut ignorer que d'avoir l'air idiot. Et puis, imaginez la scène.

Vous : avec un complet bleu marine de circonstance, une cravate qui vous étouffe, un petit ventre rond que la gymnastique perpétuellement remise au lendemain n'a pas encore fait disparaître.

Lui : beau, jeune et musclé, bronzé (elle a du goût), le sourire gentil, le regard franc... Nu et presque sympathique.

Elle : une expression de petite fille prise en faute, avec dans les yeux un air de reproche et d'effroi. Reproche, parce qu'elle était follement heureuse, qu'elle ne faisait de mal à personne, que ça ne l'empêchait pas de vous aimer et que vous êtes, en outre, arrivé trop tôt. Effroi, parce qu'elle savait que vous ne comprendriez pas ; que les scènes se succéderaient et que, peut-être, son merveilleux plaisir aurait une fin triste et idiote.

Vous voilà bête devant ce lit défait, face à ce garçon plus beau que vous, face à cette épouse haïe et aimée à la fois, bombant le torse, recherchant l'attitude idéale, ne trouvant aucun comportement adéquat ; finalement plus gêné qu'eux.

« Sors de ma vue et de ma vie... » fait un peu pompeux. « Moi qui t'ai trouvée dans le ruisseau, qui t'ai tout donné » est trop prétentieux. « Tout est fini entre nous... » est bête puisque vous ne tiendez pas parole.

Reste la violence : « Je vais te tuer, salope » fait trop dramatique et peut se révéler dangereux si l'amant est plus grand que vous (bien qu'un homme nu, zizi à l'air, soit très diminué).

Il y a évidemment le revolver qu'on agite et qui peut faire peur. Mais attention de ne pas le charger. Un mari s'est tué un jour en faisant semblant de se tuer. La violence est à déconseiller si vous n'êtes pas joueur de rugby, ou bien taillé comme ce Noir immense, doté de muscles impressionnants, qui surprit un jour sa femme, noire également, avec un petit notaire blanc désireux de s'offrir un peu d'exotisme. Il ne dit pas un mot, se déshabilla et se précipita en hurlant sur le petit amant.

« Toi aussi tu vas y passer, sale cochon. Je vais t'apprendre... »

Le notaire, affolé, partit en courant dans les rues de la ville, nu et ridicule comme un ver.

L'adultère de l'épouse est une situation devant laquelle, en général, on perd sa retenue et sa tenue. Tout le monde n'a pas l'élégance et l'à-propos de ce grammairien d'Ancien Régime qui, entrant dans la chambre de sa femme, l'y trouve en galante compagnie.

« Monsieur, dit-elle sans perdre son sang-froid, je suis étonnée ! »

Lui, tout aussi calme :

« Non, madame, vous êtes surprise. C'est moi qui suis étonné. »

Si vous n'êtes pas sûr de montrer autant de classe, la seule chose à faire lorsque vous avez la malchance d'être témoin de l'infidélité de votre femme, c'est de tourner les talons, hautain et majestueux.

Et si vous avez des soupçons, si vous apprenez quoi que ce soit, feignez l'ignorance. Evitez comme la peste l'ami qui sait et qui cherche par tous les moyens à vous mettre au courant. J'en ai connu plusieurs. Ils me terrorisent avec leur volonté de bien faire.

« Ta femme m'a l'air distraite en ce moment. »

« Elle rentre tard, non ? »

« Tu y crois, toi, au fait que la plupart des femmes ont des amants ? »

Et, comme il y a bien longtemps que vous ne regardez plus votre femme, vous ne comprenez rien à ces allusions. Alors, il se jette à l'eau, précise, et vous lui en voulez pour le restant de vos jours.

Une belle histoire arriva à l'un de mes parents. Sa femme était avocate et avait une liaison. Il le savait, il connaissait l'amant et la garçonnière où se tenaient les rendez-vous.

Un jour, un client de l'épouse téléphona,

d'une voix affolée, au domicile du couple. Il était 7 heures du soir et cet homme venait d'apprendre que son associé voulait l'évincer. Sa tête devait tomber au prochain conseil d'administration. Il cherchait partout son avocate.

« C'est urgent ?

— Très. Tout doit se jouer dans les heures qui viennent. »

Sans hésiter, le mari lui donna le numéro de la garçonnière trouvé par hasard, un jour, sur une commode.

Sa femme rentra quelques heures plus tard, nerveuse et gênée.

« Bonsoir, chérie. Tout va bien ? »

Elle avait les yeux rouges. Elle se dirigea vers le bar et se versa un whisky. Un cube de glace lui échappa des mains et tomba par terre.

« J'ai eu mon client. Merci », dit-elle, la voix enrouée.

Il la prit par la main et l'emmena dans la chambre.

« Viens me faire l'amour. J'ai envie de toi », dit-il.

Il ne parla de rien. Le lendemain, quand elle rentra, elle lui dit simplement :

« J'ai rompu. »

Toutes les femmes ont-elles des amants ? Presque. En tout cas, Isabelle en est persuadée. Elle me le répète sans cesse. Plaire est la seconde nature des femmes. Aucune n'est satisfaite d'elle-même, à l'inverse des hommes qui sont plutôt contents d'eux. Les femmes doutent en permanence. Les magazines féminins ne sont que des guides à embellir. On les voit maquillées comme des voitures volées parce qu'elles n'aiment pas leur bouche, leur regard. Avant l'été, c'est le calvaire. Les kilos superflus doivent disparaître. Et c'est le régime dur et méchant. Avec quelle volonté refusent-elles toute gourmandise, tout dîner un peu gastronomique ! J'adore inviter les femmes en été. Elles ne mangent rien.

Avec l'âge viennent les rides. Les rides qui nous vont si bien et qui les dépriment tant. De vingt à quatre-vingts ans, une femme s'observe, se déteste, se remodèle, se corrige, se rassure.

« Quoi de plus sécurisant, me dit Isabelle, qu'un amant qui me dit tous les jours que je suis belle, qui me désire et qui, effectivement, a envie de moi ? Qui ne me préfère pas la télé et les matches de foot ? Mes amants me disent : " Je suis fou de toi dès que je te vois. " Mon mari n'a qu'une phrase à la bouche : " Si on dormait ? Je suis crevé. " C'est plus rassurant, ajoute-t-elle, marchant toujours à grands pas dans le salon minuscule, une serviette nouée autour de ses hanches magnifiques. Que c'est bon de lire le désir dans les yeux d'un homme ! Qu'il soit beau, petit, chauve, pauvre ou riche, nous en avons tellement besoin ! Et si vous jouez aux indifférents, on double la mise. On se tortille, on minaude, on rit à vos plaisanteries les plus stupides, on défait un bouton... »

Ah ! Ces boutonnières qui s'ouvrent ou se ferment selon le vis-à-vis ; qui découvrent un soutien-gorge, un demi-sein, un joli sillon, quand ce n'est pas une poitrine tout entière. Quant aux minijupes, elles permettent toutes les attaques. Peut-on résister à une culotte à peine aperçue ou parfois montrée avec évidence ? Je ne parle pas d'Isabelle. Il y a longtemps qu'elle fait la révolution et se présente comme une sans-culotte. Elle finira par épouser Marat si jamais il sort de son bain ou Robespierre il garde la tête sur les épaules.

Voyons les choses en face. Elles nous trompent un peu par plaisir (ne soyez pas cynique !), beaucoup pour se tranquilliser. Voyez ce regard qui filtre aux travers de leurs paupières lorsqu'un homme se donne à elles. Une lueur de triomphe qu'elles éteignent vite pour la remplacer par un air soumis ou comblé.

« Je plais donc je suis », aurait pu écrire la femme de Descartes, qui s'appelait sans doute Isabelle.

Par ailleurs, si vous êtes l'amant, comme elles voudront se rassurer sans cesse sur votre désir, vous devrez vous montrer, en permanence, à la hauteur ; c'est exténuant. Il m'est arrivé d'envier le mari qui tranquillement mangeait son ris de veau.

J'ai été mari. On m'a fait amant. J'ai vécu les deux situations comme la plupart des hommes. Mari, j'étais jeune et indisponible. Je la voulais mère, amie, confidente et j'oubliais qu'elle était femme. Pas elle. Elle me trompait et bien sûr je ne voyais rien, trop obsédé par moi et par mon personnage.

Je n'oubliais jamais de remercier sa mère, complice, pour tous les bijoux qu'elle lui donnait. Je comprenais ses soirées, ses voyages avec une amie, trop occupé à cacher les miens. Si j'avais su ! Je souffrais de mal vivre mes aventures alors qu'elle profitait pleinement des siennes.

Pendant notre divorce, elle me donna une liste. Je dus inventer des prénoms pour être à la hauteur.

Ensuite, je devins amant. C'est un rôle merveilleux et facile. Il ne faut se poser aucune question. Les laisser faire. Montrez seulement que vous êtes disponible. Quand, où, comment ? Laissez-les trouver. Elles n'ont pas d'heure pour être infidèles. Pour certaines, le petit déjeuner est plus pratique ; pour d'autres, l'heure du déjeuner ; ou encore le temps des courses, bien qu'entre un amant et le shopping, elles préfèrent habituellement les magasins.

Et quand les vacances familiales arrivent, en été, à Noël ou à Pâques, elles vous plantent là, seul et penaud, avec ce sourire tendre qui leur va si bien.

« On se revoit en septembre. Ne me trompe pas. »

La femme infidèle vaut tellement la peine d'être vécue.

J'avais connu Isabelle à la Sorbonne. Nous avions vingt ans et elle beaucoup plus, comme la plupart des femmes. Je l'aimai pendant une nuit entière, c'est-à-dire une vie. Depuis lors, je fais partie de son enfance. Je suis là quand elle ne sait plus où elle en est.

« Sais-tu à quoi on reconnaît une femme infidèle ? » me demanda-t-elle.

L'infidélité exalte sa féminité, la rend belle, mystérieuse, sensuelle. Sa peau est plus chaude, ses yeux plus joyeux. Elle a cet air langoureux qui ne trompe pas, elle rayonne. Même le mari en profite. Une femme infidèle est plus compréhensive pour les péchés des autres. Et puis, comme elle le trompe, elle ne va pas le maltraiter de surcroît. Il a droit à des sourires, des dîners mitonnés ; il a droit, surtout, aux fabuleux contes qu'elle invente pour masquer ses adultères.

Toute femme mariée devrait être infidèle, quand ce ne serait que pour sauvegarder l'harmonie conjugale.

Les copines

« L'amitié entre homme et femme est délicate. C'est encore une manière d'amour. »

Jean Cocteau.

Tout homme a, dans sa vie, une ou plusieurs vraies copines. A ne pas confondre avec ce que les femmes appellent des « bonnes copines » qui sont tout, sauf des copines.

Je parle de l'amie qui peut tout entendre, tout guérir, être appelée à n'importe quelle heure, décommandée quelques minutes avant un dîner ; la copine copine qui ne peut rien vous refuser et qu'on aime avec une tendresse infinie.

Soit c'est une ex-maîtresse qui, avec le temps, est devenue l'amie fidèle, soit c'est une très laide.

Tuons immédiatement le mythe de la copine jolie qui n'a jamais rien été pour vous. C'est un leurre. On ne peut devenir amis qu'après. Jamais avant. C'est tout bonnement impossible. Un homme et une femme jeunes, beaux et intelligents ne peuvent construire d'amitié qu'après s'être aimés. Sinon, leurs moments d'intimité seront toujours entrecoupés de flashes érotiques suspects.

La tentation sera trop forte. Pendant qu'ils se raconteront leurs vies, leurs foyers, leurs carrières ou leurs déboires, ils penseront qu'après tout ce ne serait pas une si mauvaise idée... Un soir, après un dîner un peu trop romantique, un peu trop arrosé, le dernier verre sera fatal à leur amitié.

Leurs envies trop longtemps contenues se déchaîneront et leurs premières nuits d'amour seront d'autant plus intenses qu'ils voudront rattraper le temps perdu. Ils n'auront même pas besoin de se cacher de leurs conjoints qui, les croyant amis, seront rassurés de les savoir ensemble. Ensuite naîtra peut-être une véritable amitié, à condition que leur amour ne soit pas trop fort et leur liaison trop longue. Quand on épuise le désir, il ne reste souvent même plus de place pour l'amitié.

Attention toutefois. L'ex-maîtresse restera toujours très possessive avec vous, compte tenu de vos rapports passés. Cette amitié-là est à manier avec précaution.

Les laides sont les seules amies vraiment fiables. D'abord parce qu'elles ne sortent que lorsqu'une de leurs « bonnes copines » passable cherche à briller auprès d'un nouveau fiancé et les utilise comme repoussoir.

Ce n'est pas tant que les hommes ne peuvent aimer les laides, c'est qu'ils ont une peur bleue d'être vus avec elles par les concurrents et par les futures maîtresses potentielles, auprès desquelles cela fait baisser leur cote. Les laides sont donc presque toujours disponibles pour un ami en cas d'ennuis, surtout si ceux-ci sont féminins ; elles deviennent mère, conseillère et, s'il le faut, ennemie de toutes les femmes qui vous font du mal.

Sachant que le seul sentiment qui leur est autorisé avec vous est l'amitié, elles y consacrent la passion et la ferveur que les autres vouent à leurs amours éphémères. Elles ne désespèrent jamais tout à fait, rêvant qu'un soir de grande mélancolie ou de solitude vous vous laisserez glisser dans leurs bras.

Cela arrivera forcément, au moins une fois. Mais, lorsque cela sera advenu, ne craignez pas que les laides s'en servent contre vous. Au contraire, elles s'en souviendront toujours et ajouteront à leur amitié une tendresse merveilleuse.

J'ai deux très grandes amies que j'espère conserver toute ma vie.

Josiane est jolie et n'est bonne copine qu'avec moi. Elle déteste les femmes et les premiers instants de nos retrouvailles sont régulièrement consacrés aux meurtres sadiques de concurrentes ou amies. Avec moi, elle peut enfin se libérer et le fait avec enthousiasme, persuadée qu'un homme ne peut que mépriser les femmes. Je l'écoute, amusé, sachant qu'elle est aussi menteuse et frivole que ses pareilles.

J'aime l'entendre assassiner l'amie qui trompe son pauvre mari et l'écouter ensuite me parler de son dernier amant. Elle se considère comme un cas d'exception dans l'adultère car son mari à elle ne la séduit plus depuis longtemps. Je n'ose pas lui dire que toutes les femmes mariées racontent la même chose sur leurs époux à leurs amants. Cette ribambelle de maris impuissants m'attristerait s'il ne s'agissait, mathématiques obligent, des amants des autres.

Parfois, Josiane s'arrête de parler et me regarde, ses yeux rivés aux miens. Elle me questionne. J'avoue alors une liaison parmi les autres et j'explique. Ou, du moins, j'essaye. Elle est d'un mépris féroce. Mes maîtresses sont trop jeunes ou trop vieilles ; trop riches ou trop pauvres ; ou bien manucures. C'est sa grande expression. Pour elle, toutes mes égéries travaillent obligatoirement dans un salon de coiffure, sont décolorées avec des racines foncées, ont gagné le premier prix de vulgarité et n'en veulent qu'à mon train de vie. Josiane sait que je suis pauvre dans le fond, mais riche dans la forme. Avec le Sida, elle tient un allié de taille. J'ai droit à des mises en garde si détaillées que je crois entendre ma pharmacienne.

L'amie ne supporte pas l'homme en moi — sauf si je deviens misogyne, que je calomnie mes conquêtes et que je fais le procès des femmes. Elle a été ma maîtresse et supporte mal qu'il puisse y en avoir d'autres. Notre amour remonte à plus de dix ans et, pourtant, je lui appartiens encore. Ce souvenir lui donne des droits et, à moi, des devoirs.

Nous parlons peu de moi ; nous n'en avons pas le temps. Je crois en fait être plus son ami qu'elle n'est la mienne. C'est souvent le cas avec les jolies femmes. Elles sont tellement habituées à ce que les hommes les écoutent bouche bée au premier battement de cils ! Me donner la priorité de son temps et l'exclusivité de ses confidences est déjà un très grand cadeau que Josiane me fait.

Parfois, je deviens son alibi. Il me faut alors débrancher mon téléphone, ma sonnette et même sortir dîner seul pour qu'on ne puisse me trouver chez moi. Il arrive aussi qu'elle m'utilise pour tromper à la fois la jalousie du mari et de l'amant.

Le lendemain, j'ai droit à un récit détaillé. Je sais qu'elle est sincère parce qu'elle n'a plus rien à conquérir de moi ; elle a tout eu. Avec une femme, c'est un atout extraordinaire. Tant qu'il reste une parcelle de notre personne à prendre, nous sommes vulnérables. Ce n'est plus le cas avec Josiane ; elle peut donc tout me raconter avec une franchise totale. Souvent, je plains ses victimes. Je bénis en tout cas le ciel de n'être que son ami.

Hier, elle déjeunait avec un membre éminent d'un parti politique. Il la ramena chez lui et, après quelques baisers « un peu naïfs » selon Josiane, ils se déshabillèrent. Le voyant en slip et en socquettes basses et trouées, elle fut prise de fou rire et lui dit :

« Désolée, quand vous serez président de la République, à la rigueur, mais maintenant, non, c'est trop. »

Elle se rhabilla et partit, plantant là le séducteur en slip vieux jeu et en chaussettes d'un autre âge.

Seule une amie peut avouer de telles choses. Les autres sont trop occupées à se travestir. Elles vous exilent en terre étrangère ; il est bon d'en connaître une qui parle la même langue que vous.

Eve s'appelle réellement Eve et ressemble à un vieil Adam. Elle connaît Josiane, à laquelle elle reproche sa beauté, qu'elle a rebaptisée futilité. Elle ne la déteste pas : elle l'ignore. Quand je parle d'elle, Eve change de sujet comme si c'était sans intérêt.

Nous avons établi un système de rencontres périodiques. Nous dînons tous les premiers lundis du mois, même si les circonstances nous font parfois nous rencontrer plus souvent. Ce dîner est sacré et, quand il m'arrive de devoir le remettre, Eve m'en veut.

Elle travaille chez un couturier, vend des robes belles et chères à des femmes laides et riches et passe ses journées à les complimenter.

Parfois, une femme de ministre se prend pour une femme du monde ; Eve sert alors la République avec dévouement et générosité, quoique les rabais colossaux échangés contre des contraventions qui ne sauteront jamais fassent souvent vendre à perte. Etre appelé « mon cher » coûte en effet très cher à ceux qui ne connaissent pas les règles de l'illusion politique.

Quand Eve me décrit les horreurs qui s'habillent chez elle, je la trouve presque belle.

Elle est ma seconde amie. Celle dont l'amitié, un soir d'égarement que je ne regretterai jamais, devint tendresse ; qui m'aima alors que plus personne ne m'écoutait et qui comprit que j'étais heureux d'être autant malheureux. Je me vautrais dans ma tristesse ; elle sut faire semblant d'y croire.

Eve est du signe du Cheval, ce qui lui sied. Grande, les dents en avant, la peau collée sur les os, habillée comme un professeur de piano, elle veut si farouchement mon bonheur qu'elle repeint sans cesse ma vie en rose. Josiane démystifie les femmes ; Eve les sublime. Elle rêve pour moi de bras qui fassent rempart contre les angoisses ; dès que je lui parle d'une femme, elle imagine un être exceptionnel.

Je proteste que c'est seulement physique et que...

« Nous aussi, au début, ce fut seulement physique. »

Je défaille en la regardant puis acquiesce.

Je sais que Josiane remettra les choses à leur place. Mes deux amies sont tellement complémentaires que je ne risque rien. L'une me dégoûte des nouvelles rencontres quand l'autre les encourage. Les jolies femmes ne supportent pas la concurrence. Les laides s'en moquent.

Eve, un soir, me recueillit perdu.

Je venais de perdre celle que je croyais être la femme de ma vie et mon boulot marchait mal. Mon rédacteur en chef, n'aimant plus ses propres papiers, s'était mis à détester les miens. Il lui fallait retrouver une raison de croire en lui pour me supporter à nouveau. En attendant, je faisais du trapèze sans filet.

Eve parla ; longtemps et doucement. Je n'entendais pas les mots mais une voix qui m'aimait...

Je me réveillai le matin au son de ses paroles, environné d'une odeur de café et de croissants qui rendait saveur à la vie.

Josiane, le lendemain, prit soin de moi. Elle resta après le dîner et, ne sachant que faire de ma tristesse, décida de m'aimer. Ce fut bon et, comme la veille, j'oubliai tout.

Ma vie rentra dans l'ordre et mes deux amies s'en réjouirent, persuadées d'y être pour beaucoup. C'était le cas ; à peine moins que mon patron préféré qui, après avoir changé de maîtresse, retrouva goût à l'existence, à son écriture et à la mienne.

Beaucoup d'hommes croient que, parce qu'ils sont mariés, ils possèdent en leur conjointe une amie. Rien n'est plus faux. Les femmes sont trop accaparées par leur rôle de mère, d'épouse, parfois de maîtresse, pour être les amies de leurs maris. Tout juste peuvent-elles l'être de leurs anciens amants.

Faire des confidences à sa femme est un véritable suicide parce qu'un jour elle s'en servira ; car elles sont toutes persuadées d'être mal mariées : nous ne sommes donc qu'intérimaires, du moins dans leur tête. Sur leur corps, nous le savions déjà.

Vous pouvez aussi avoir un ami. C'est formidable quoique parfaitement inutile pour comprendre la vie. Il vous parlera football, politique, argent, mais sera perdu devant vos interrogations ou vos états d'âme. Au pire, il vous expliquera les siens, qui ne vous passionneront pas plus que les vôtres ne l'intéressent. Les histoires de don Juan m'ennuient autant que les malheurs de mes amis cocus.

Alors, une sœur ? Surtout pas. A l'ouverture du testament, elle deviendra votre pire ennemie. La mienne fit tout pour me spolier jusqu'au jour où elle s'aperçut qu'il n'y avait plus rien à hériter. Mon père l'avait fait rêver et nous avait brouillés pour rien. Nos belles-mères successives, officielles ou non, étaient passées avant nous.

Je sers parfois de chevalier servant à mes deux amies. Josiane est belle et tous les hommes lui font la cour, aussi son mari ne lui permet-il que moi. C'est un peu vexant d'être ainsi rangé dans le camp des inoffensifs, mais je me prête au jeu avec plaisir. J'aime qu'une jolie femme m'appartienne, surtout si ce n'est que pour quelques heures.

Eve, au contraire, m'exhibe. Elle rayonne à mon bras, nous déclare amis d'enfance et fait comprendre à tous que notre intimité a parfois dépassé l'amitié.

Dans un cas, je suis eunuque, dans l'autre don Juan. Les deux s'en réjouissent et je m'en accommode.

C'est bon de les avoir. Elles passent leur temps à mythifier ou à démolir les femmes, m'empêchant de les comprendre, ce qui finalement me sauve. Cela me permet de continuer à les aimer.

Les sportives

« L'importante est de participer. »

Baron de COUBERTIN.

J'aime par-dessus tout les dimanches matin. Me réveiller sans le secours d'une sonnerie brutale, attendre que le soleil pénètre et inonde la chambre, me rendormir plusieurs fois en sachant que le prochain réveil ne sera pas définitif.

Ensuite, l'odeur du café brûlant emplit l'appartement ; les croissants ont un autre parfum, le dimanche. La musique aussi a meilleur goût ; on peut l'écouter dans toutes les pièces sans gêner les voisins ; goûter chaque note sans culpabilité. J'adore mes vieux disques de jazz. Entendre un saxo devant un plateau de petit déjeuner appétissant est un plaisir unique.

Claude avait un prénom de garçon et un corps de garçon. Elle me regardait à travers l'immensité de la table en penchant un peu la tête à cause des candélabres qui occupaient son champ de vision ; ils étaient compliqués comme tout ce qui occupait l'appartement. Il faut toujours éviter ce genre de dîner.

Claude était seule ; amie de la maîtresse de maison, elle était invitée pour faire nombre pair ; moi aussi. Ils auraient pu se passer des deux. Nous étions chacun à un bout de la table comme il sied aux puissances invitantes ou aux faux couples. Ne pouvant me parler ou m'entendre, elle me regardait, esquissant un sourire de temps en temps.

Après le dîner, dans ce type de soirée, je choisis toujours le plus petit canapé pour y être seul et à l'aise. Je me précipitai mais elle aussi, et elle courait plus vite que moi — ce qui aurait dû m'alerter.

« Je suis, paraît-il, votre fiancée, dit-elle en souriant.

— J'ai une chance inouïe. D'habitude, je suis le chevalier servant d'une veuve éplorée ou d'une pensionnée.

— Elles ont au moins une dot. Même si c'est une dot d'emprunt. Je suis là parce qu'on a dû penser que vous étiez incasable. »

Elle était drôle et pleine de vie. Nous avions envie de mieux nous connaître. Elle m'accompagna chez moi et je fis l'amour à ce corps de garçon. C'était un samedi soir et ma dernière vision fut cette anatomie ferme et belle qui s'endormait contre moi.

Elle me réveilla le dimanche, vers 10 heures, suant, soufflant, échevelée. Encore ensommeillé, je la regardai, étonné. Elle jeta mes clefs sur la table.

« J'ai fait le tour de Paris, dit-elle en arrachant le bandeau qui retenait ses cheveux et en tombant dans mon grand fauteuil. Je suis passée me changer à la maison puis j'ai fait un footing d'enfer. »

Je déteste qu'on gâche mes dimanches matin. J'ai aussi horreur des femmes rouges et haletantes. Je crois encore aux femmes soignées, qui sentent bon, qu'on rencontre après leur bain et non avant.

Mon dimanche matin commençait très mal. Les suivants seraient pires. J'avais rencontré une obsédée de la culture physique.

Claude était journaliste, comme moi, mais pigiste. Après de brillantes études, son premier rendez-vous d'embauche avait été un succès. Impressionné par ses diplômes, un rédacteur en chef lui avait confié un papier, puis, l'ayant trouvé bon, lui en avait commandé d'autres. Elle travaillait finalement autant que moi. Ses articles étaient plus engagés politiquement que les miens et nous passions des heures à discourir sur nos objectivités réciproques. Elle n'en avait aucune, travaillant pour un journal qui excellait dans les papiers d'humeur mensongers. Il nous arrivait d'écrire sur un même sujet et nous nous amusions beaucoup ensuite à comparer nos différences.

Nous nous entendions bien. Partager le même métier unit souvent les couples plus que le désir. On a toujours quelque chose à se dire. Nous refaisions sans cesse le monde du journalisme, rêvions de diriger une chaîne de télévision, puis l'abandonnions à son triste sort pour faire l'amour.

Même cela devenait pour elle un exercice de gymnastique. Claude m'expliquait que chaque fois c'était l'équivalent de dix kilomètres de marche à pied. J'avais souvent l'impression d'en faire beaucoup plus et de les faire en courant.

Chaque matin, j'étais réveillé par une tornade. Claude sautait du lit en criant un « debout » péremptoire et tirait les draps avec énergie. Elle ouvrait toutes les fenêtres pour que l'air frais emplisse nos poumons et me réveille totalement. Grelottant de froid et encore plein de sommeil en retard, je me levais en maugréant des insultes qui la faisaient rire, mais qui ne changeaient en rien sa détermination. Elle était la grande prêtresse de l'esprit malsain dans un corps sain.

Mon appartement était devenu salle de gym. Des haltères traînaient partout. Nous avions également acheté un espalier, une bicyclette, un rameur. Je ramais tous les matins sous son regard réprobateur parce que je manquais d'entrain. Je toussais mes cigarettes de la veille et faisais mes exercices en rechignant.

L'ennui des sportives est qu'elles veulent partager leur manie. Claude n'était réellement heureuse que lorsque nous étions étendus, épuisés, côte à côte, après une orgie de sport. Le sentiment de l'énergie dépensée la ravissait. Pas moi. J'étais courbatu, endormi et n'avais plus qu'une idée : me recoucher. C'était bien sûr impossible. Il nous fallait ensuite courir.

Courir tôt le matin, comme d'ailleurs courir tout court, est une épreuve que je déteste absolument. Nous partions en petites foulées sous le regard ahuri du concierge qui n'avait jamais vu ça. L'immeuble était surtout occupé par des rentiers sans rente et par des étudiants. Nous avions nos baladeurs sur les oreilles et, au rythme d'une cassette faite pour danser, nous torturions nos corps. Si, par malheur, un jogger nous doublait, Claude accélérait et me laissait sur place. Loin là-bas sur l'horizon, elle se retournait enfin, le regard dédaigneux, et consentait à ralentir l'allure devant mon air piteux.

Je revenais en nage, le survêtement collé à la peau, le ventre gonflé de fatigue, les yeux creusés par les cernes. Je m'asseyais parfois contre la porte, exténué, pendant qu'elle déshabillait son corps de rêve. Ses muscles étaient tendus sous la peau humide et luisante. Elle se jetait sous une douche brûlante, puis glacée, et nous buvions ensuite nos jus de carotte mixés avec du cerfeuil.

Elle dévalait enfin nos cinq étages sans ascenseur pour courir à son journal. Je pouvais alors me laisser glisser dans un bain chaud et flâner d'un côté à l'autre de la baignoire, fumer une cigarette et admirer mon petit ventre rond et fait pour la paresse, la bonne chère et le bon vin.

Deux fois par semaine, nous nous donnions rendez-vous dans un gymnase près de la porte Maillot. J'avais horreur de l'endroit. Il nous fallait d'abord transpirer pendant trois quarts d'heure en copiant les exercices qu'un professeur beau comme un dieu de l'Olympe faisait semblant d'exécuter. Il me surveillait tout particulièrement et déjouait mes stratagèmes. Claude haussait les épaules à chacune des remontrances que m'adressait l'Apollon.

« As-tu vu son corps ? me demandait-elle ensuite.

— Formidable, disais-je vaincu d'avance. Vous êtes faits l'un pour l'autre.

— Aucun intérêt. Ce genre d'homme ne pense qu'à s'admirer. Ils n'en ont que pour leurs biceps, triceps, abdominaux... »

Suivait une liste de muscles dont je n'avais jamais entendu prononcer le nom.

« Il me donne des complexes. »

Elle examinait mon corps.

« C'est normal, disait-elle un peu tristement. Mais tu t'améliores. »

Je bombais le torse de contentement.

La salle était imprégnée par une odeur aigre et puissante qui ne semblait déranger que moi. Les culturistes adorent l'odeur de leur transpiration. C'est leur encens. Je détestais cela et, à peine le cours terminé, je me jetais dans la piscine pour y retrouver un parfum de chlore. Enfin, l'heure de la douche à l'arôme de savon bon marché me rendait à la vie.

Je n'habitais plus chez moi. Claude avait pris possession de l'appartement et l'avait aseptisé. Tout y était propre, récuré, désinfecté. La salle de bains était un chef-d'œuvre de vide. Plus rien ne traînait et il m'arrivait de passer une éponge dans la baignoire, tant la moindre trace y faisait déplacé désormais.

Le soir, nous dînions de salades et nous étions au lit à l'heure des actualités. J'avais droit à un film, programme ou cassette, puis c'était l'extinction des feux. Une dernière séance de combat rapproché et nous nous endormions, épuisés.

Je l'ai dit, j'adorais le corps de Claude. Son ventre disparaissait dans ses côtes avec, sous la peau, le dessin des muscles. Parfois, je lui passais de l'huile et je la regardais. Elle prenait des poses de statue grecque sans la moindre malice ; ce n'était qu'aux moments intimes qu'elle se montrait pudique et nous faisions toujours l'obscurité avant de nous aimer. Je caressais le plus beau corps qui soit sans le voir alors que, le reste du temps, elle se promenait nue dans l'appartement sans aucune gêne. Elle était vêtue de muscles, donc habillée.

Elle me présenta ses parents (c'est une manie). Ils étaient gros et mous. J'en déduisis qu'elle ne les avait jamais aimés. Lui buvait beaucoup et ne semblait intéressé que par son whisky et sa haine de tous ceux qui réussissaient. Sa mère subissait depuis toujours et dépensait joyeusement pour oublier.

« Ils sont sans intérêt, dit-elle.

— Pourquoi me les avoir présentés ?

— Parce que ça se fait. »

Claude croyait à l'ordre. Elle payait ses impôts presque avec plaisir et me reprochait sans cesse ma négligence. Elle se précipitait sur toute facture, sur tout avis et organisait ma paperasserie. Pour la première fois de ma vie, je remplissais mes talons de chèques, ce qui me déprimait, me montrant que je dépensais beaucoup plus d'argent que je n'en gagnais. Je l'avais toujours su, mais pas aussi crûment.

Nous partagions toutes les dépenses. La moindre tranche de jambon était achetée à deux. C'était un peu humiliant. Il en allait de même au restaurant. Elle jetait ses cent francs dans l'assiette comme un vieux copain d'université.

Mon corps se transformait. Je devenais plus mince, musclé, avec un ventre inédit. La couleur de ma peau aussi avait changé. Je ne fumais plus qu'en cachette, donc moins, et ne buvais presque plus, hanté par un horrible complexe de culpabilité dès que je voyais une bouteille d'alcool.

Mes cheveux étaient coupés court et je commençais à ressembler à un sportif, ce qui ne m'était jamais arrivé. Je respirais la bonne santé et le dynamisme. Les femmes me regardaient un peu plus longuement qu'auparavant et je sentais que mon trop-plein d'énergie les attirait.

Je rencontrai au cours d'un reportage une gentille paresseuse qui me laissa payer le déjeuner. Elle eut ensuite envie de boire un verre chez elle. Je toussai à la première gorgée mais retrouvai le goût de l'alcool avec bonheur. Elle était un peu grosse, un peu molle, un peu douce. C'était bon de s'enfoncer dans sa tendresse.

Je décidai de ne plus remonter.

Les Juives
(sépharades)

« Il y a les goys, les Sépharades
et puis les Juives. »

Le prochain Testament.

Ai-je compris de travers ? Je suis allé me laver les mains après ce déjeuner pantagruélique — je devrais peut-être dire davidesque ou salomonesque.

« Est-il bien parti ? » ai-je entendu.

Ils sont tous les trois assis. Janique, sa mère (elle a dû changer de prénom), tient la pince à sucre, prête à emplir ma tasse. Elle a passé le déjeuner à me gaver. J'ai pris trois fois de l'entrée caviar et deux fois du plat langouste. Ils doivent me croire plus riche que je ne le suis. Des steaks haricots verts en boîte auraient parfaitement fait l'affaire. Janique n'a pas arrêté de remplir mon assiette, se désolant sur ma minceur qu'elle prend pour de la maigreur, évoquant Dachau lorsqu'elle voit mes bras, que je croyais racés, et se donnant bonne conscience à chacune de mes bouchées.

Ils ont un accent adorable. Un accent teinté de fourrures, de tee-shirts et de jeans. Au début, j'ai cru que c'était une imitation du beau-frère de Mitterrand. Un gag de famille. Pas du tout. C'était eux. Le Sentier qui se laisse aller. Janique (*alias* Sarah) s'est tournée vers moi entre deux plats.

« Dans le reportage ? Vous faites du liquide ?

— On boit pas mal. »

Ils m'ont tous regardé, médusés, y compris Salomé qui est née après-guerre et ne risque plus rien d'une France collabo. Elle est belle. Ses cheveux bouclés et noirs de Juive sépharade me rendent fou. Elle a ce fameux goût d'ailleurs qui fait fantasmer les hommes. Avec une peau bronzée et douce. Des yeux dont les cernes font rêver. Elle sera moins jolie plus tard, mais qu'importe. Je n'aime que le présent. Elle me rend triste, heureux, tout. Très peu de femmes m'ont rendu tout. Elle a des seins très beaux, pleins et maternels, des hanches de vraie femme. Je rêve d'elle, même quand je suis avec elle. Pour un peu, je l'accepterais pauvre.

Qui n'a pas aimé une Juive n'a pas compris l'amour. Mais nous y reviendrons. Entre deux Testaments.

Donc, l'accent n'est pas feint. Ma mère est juive mais du Nord. Polonaise. Ça n'a rien à voir. Elle traite les Sépharades de vendeurs de figues. Pour elle, il y a les Ashkénazes, les goys et les Sépharades. Des tonnes de dattes nous séparent. Si l'homme descend du singe et le singe de la branche, les Sépharades, pour elle, sont le noyau qui crée le dattier.

Du liquide ?

J'imagine mon rédacteur en chef comptant

les liasses de billets. Je le vois en « Monsieur Sentier ». Expliquant au grand Robert, avec cet accent pied-noir inimitable qui finira par se prendre pour un verre de Suze, qu'avec plus de liquide biblique, la Cinq aurait été un succès. Et avec un Durand aux infos, tout lui était permis.

Je reviens des toilettes qui sentent bon le jasmin. Janique tient toujours sa pince à sucre. Salomé me sourit. J'ai entendu : « Est-il bien parti ? » Ça m'a étonné. En réalité, papa Sentier a dit : « Est-il circoncis ? » Horreur.

Je pense à mon sexe. Je le vois, le revois. Circoncis ? Non. Sauvé par ma mère juive d'une autre noblesse qui, persuadée que nous étions entourés de vilains, voulut tromper l'ennemi. Elle se sent depuis lors plus tranquille mais cependant m'en veut un peu. Je sors de la douche avec une serviette autour de la taille. Ma mère baisse les yeux, coupable. Normal pour une Juive.

« Tu devrais peut-être le faire », dit-elle pensivement.

Personne et surtout pas moi ne demande quoi. J'ai trop vu de défilés d'anciens combattants qui rendent la circulation autour de l'Etoile impraticable, pour accepter la moindre mutilation.

Déjà, enfant, je souffrais d'être aussi habillé. J'étudiais dans une école religieuse de bon ton. Ils s'appelaient Levy, Cohen, etc. J'étais ridicule. Plus tard, je remerciai mes parents. Les femmes ont le souci du détail et une véritable aversion pour la trop grande simplicité. Elles préfèrent les hommes habillés.

Je m'assois devant la table basse.

Le café est lourd, fort, épais. Je veux l'adoucir à force de sucres mais le sucrier m'est vite enlevé. J'ai droit au : « Un sucre ou pas du tout » qui dans ce milieu se dit : « Evitez trop de sucre pour votre santé. »

Nous sommes entre Juifs. Ils me l'ont longuement et souvent répété. Une mère juive fait toujours un Juif. Contrairement aux Belges qui disent, paraît-il, que « le vrai problème est de savoir qui est la mère » !

J'aime Salomé. J'écoute ses parents. Son père m'explique ses théories, additionnant, soustrayant, multipliant, ponctuant chaque question d'un « Vous me suivez ? » que je ne suis pas du tout.

C'est vrai que la TVA est un désastre inutile, que tout est moins cher quand on peut montrer des billets tout neufs plutôt qu'un chèque officiel qui doit passer par les chemins codifiés ; c'est vrai que ce pays est rempli de systèmes pénitentiaires pour le pécule sage et de bonne famille, et qu'il est totalement permissif pour ceux qui lavent l'argent plus blanc.

Je sais que mon beau-père Sentier a raison mais je ne suis malheureusement pas concerné. Je n'ai rien de noir ou de blanc.

« Il faut tout négocier, me dit-il. Tout le monde est prêt à donner un peu pour gagner une vente. »

Je dus un jour assister à l'achat d'une centième bague pour sa femme. Il commença par choisir deux bijoux, l'un valant cinq fois le prix de l'autre. Il voulait bien sûr le plus cher mais déstabilisait ainsi la vendeuse, dont la commission sur la bague la plus précieuse aurait payé une partie non négligeable de son loyer.

Il hésita longtemps, allant d'un anneau à l'autre.

« Non, lui dit-il, je crois que je vais prendre la petite. Les pierres de l'autre ne sont pas aussi belles. Plus grosses mais plus ternes. A moins que vous ne me fassiez un véritable prix d'ami. »

La discussion dura trois quarts d'heure. Tous les vendeurs et directeurs furent pris à témoin par les deux parties. Je n'en pouvais plus de honte. Enfin il gagna. Comme le pourcentage ne donnait pas un compte rond, il fit encore baisser pour que la somme soit nette.

Il était heureux, bien qu'il me dît en sortant du magasin :

« Vous savez, je suis sûr qu'on aurait pu avoir encore quelque chose. Nous étions trop pressés. »

Salomé m'aimait. Elle le clamait sur tous les toits et rendait ses parents fous. Ce que Salomé voulait, Salomé l'obtenait. Vieille théorie qui fait les enfants rois. On se tuait à m'initier aux stocks qui brûlent pour se changer en assurances payantes, aux comptes secrets. On s'épuisait à m'apprendre à être juif.

« Vous êtes imberbe », dit mon beau-père un soir où nous allions dîner à Saint-Tropez. Je regardai ma poitrine sans poil ni chaîne avec consternation. Je jurai de tenter une greffe.

Mes fourreurs avaient une très jolie maison à Saint-Tropez. Nous recevions beaucoup. D'autres Sentier, des hommes politiques en mal de liquide, un gratin intéressé et parfois intéressant. Eddie, le marié de l'an deux mille, Giscard, que la gauche espérait au pouvoir pour que se fasse enfin une véritable politique de gauche, et des mannequins et des divorcées du Tout-Paris, à la recherche du célibataire riche qui a déjà vécu un mariage malheureux sans être ruiné.

J'étais impressionné par les torses velus. Les invités, très bruns, ouvraient tous les boutons de leur chemise pour laisser passer des touffes pleines de virilité. Ma mère polonaise m'avait créé imberbe. Il me fallait ouvrir beaucoup plus bas pour exhiber, mais la jalousie de Salomé me l'interdisait.

ber, mais la jalousie de Salomé me l'interdisait.

Les Juives sont jalouses. Elles ont la passion à fleur de peau. C'est bon. Ça remonte très loin. Jusqu'aux chaînes dont on affublait les esclaves. Qui a vu un Sépharade sans chaînes ? Leurs poignets et surtout leur torse en sont couverts. Une amie qui avait un mari Sentier m'avait raconté sa nuit de noces. Elle avait dû mettre des boules Quiès pour atténuer le bruit des maillons et des gourmettes qui s'entrechoquaient.

Nous avions bateaux, motos et domestiques. Un soir, un petit boursicoteur du nom de

Marsouin essaya de naviguer dans notre monde. Il parlait actions, intérêts, millions. Je plongeais presque, additionnant mes quelques francs économisés. La Juive de ma vie écoutait. J'allais signer. J'étais allongé à côté de la piscine, aveuglé par les projecteurs, assommé par les whiskies.

Salomé se rapprocha de moi. Elle posa ses lèvres dans mon cou et m'embrassa. Elle glissa sa bouche vers mon oreille et murmura :

« Marsouin, ça fait maquereau.

— Il est peut-être juif, plaidai-je.

— Alors ce n'est pas un bon Juif. »

J'appris ainsi qu'il y avait les bons et les mauvais Juifs.

Marsouin, se voyant découvert, se leva. Je me souviens de cet homme blond, en jean, avec une chemise ouverte sur une poitrine imberbe. Il avait acheté une villa dans les parcs de Saint-Tropez, un bateau cigarette grand frisson, des mannequins plus blonds que l'Oréal... pour rien. Nous ne l'accepterions jamais. Les bateaux, domestiques, mannequins n'en faisaient pas l'un des nôtres. Je bénissais ma mère et le fait qu'elle fût juive. Cela remplaçait une poitrine noire de poils et des chaînes plus lourdes que celles que supporta Samson. (Encore une histoire de poils !) Je savais que mon argent était pauvre et je sentais avec horreur que mon amour devenait intéressé. Au bout d'un certain temps, on finit par craquer. J'étais l'infortuné beau-fils qui n'avait qu'un mot à dire pour devenir fortuné. Epouser

Salomé. Les parents juifs n'ont que le mariage en tête et en banque.

Un soir, j'emmenai Salomé sur une plage. Les bateaux étaient couchés et le sable silencieux. J'avais besoin d'elle, de son corps, de son amour, de son odeur.

« Tu ne les supportes plus ? N'est-ce pas ?

— Non.

— Tu sais, ils sont riches. Pas comme toi. Ils ne pensent plus avec des mots, mais avec des chiffres. Tu veux qu'on s'en aille ?

— Oui, je t'en prie, murmurai-je.

— Alors, allons loin. Aux Bahamas ou à San Francisco. Je rêve de Californie. Je n'y suis jamais allée. Et toi ?

— Moi non plus. Il paraît qu'il y a plein d'homosexuels. De grandes blondes exhibitionnistes avec des cheveux décolorés par l'océan et des taches de rousseur vraies.

— Tu veux qu'on y aille ?

— Ce serait bien, dis-je timidement entre deux baisers.

— On part demain, dit-elle en souriant. On fait Nice-Paris et Paris-San Francisco. On y sera demain soir avec le décalage horaire.

— D'accord. »

Elle me sourit une nouvelle fois.

« Je demande de l'argent à papa et on y va », ajouta-t-elle.

Les babas-cool

« Aux femmes, il est donné leur vie durant de ressembler aux enfants que nous étions. »

Jean PAULHAN.

Je l'avais rencontrée l'après-midi même, au Bois de Boulogne. Il faisait très chaud et elle était allongée dans l'herbe, à l'ombre d'un arbre. Je regardai autour de moi. Il n'y avait ni ballons ni enfants. Elle était seule.

Je lui parlai longuement, lui expliquant la chance qu'elle avait de me rencontrer, lui faisant une gentille cour, puis finalement l'invitai à dîner.

« Maintenant, dit-elle. J'ai faim. Allons chez moi. Vous avez une voiture ?

— Oui.

— Dommage, nous aurions pu marcher. J'habite à une demi-heure d'ici. »

Je bénis le ciel d'avoir une voiture. Il faisait trop chaud pour se promener à pied.

Elle s'assit très droite sur le siège, les yeux perdus dans le vague. J'attendais. Soudain, elle sembla se réveiller et m'indiqua l'adresse.

Virginie avait des fleurs plein la tête. Des pétales qui faisaient des taches multicolores dans ses cheveux noirs trop longs. Elle était habillée d'une robe ample et douce, au tissu fragile, comme ces saris indiens qui ondulent autour du corps. Elle était chaussée de sandales lacées autour de la cheville. Elle ne portait aucun bijou, à part la plaque d'un militaire américain accrochée à une chaîne en acier ou en argent. Elle était grande, mince, avec des mains très fines et très pures qui semblaient vouloir toujours offrir quelque chose.

Son appartement sentait l'encens ou autre chose. Un parfum âcre et doucereux à la fois ; un parfum étrange qui donnait envie de rêver en couleurs.

Elle m'offrit à boire : de l'eau. Je continuais de parler et elle restait silencieuse. Plus tard, elle alluma quelques bougies, posa un disque sur l'électrophone et s'assit par terre, près d'une grande table basse en tresses d'acier. Elle me fit signe de la rejoindre.

Je m'assis maladroitement. Elle ferma les yeux et posa sa tête sur mon épaule.

« Que cette musique est belle », dit-elle de sa voix rauque. J'écoutai religieusement ces hurlements d'animaux que suivait la plainte d'une flûte rythmée par une sorte de tam-tam hindou.

Elle alluma un joint, aspira longuement la fumée et me le passa. Puis elle prit ma main et la posa sur sa poitrine.

« Tu sens comme mon cœur bat ? »

Les femmes ont un sein à la place du cœur. Le sien était ravissant et emplissait ma main.

Je le caressai doucement. Elle me laissa faire et je m'enhardis.

« Salaud », dit-elle sans bouger.

Le salaud continua.

Elle me repoussa doucement et enleva sa robe avec lenteur, la faisant glisser par-dessus sa tête. Elle la lança dans un coin de l'appartement. Elle était nue, très belle, avec un corps qui n'en finissait plus.

« Déshabille-toi », dit-elle sans me regarder.

Je jetai hâtivement mes vêtements sur sa robe et la pris dans mes bras.

« Ne bouge pas, dit-elle. On fera l'amour plus tard. Quand nos corps n'en pourront plus d'attendre. L'amour est un art, pas un acte. En Inde, j'ai réussi à attendre une nuit entière en écoutant de la musique et en priant. »

J'eus une pensée émue pour l'Indien qui était de service cette nuit-là, pour mon rédacteur en chef et ses problèmes d'éjaculation précoce et pour mes folles nuits passées à confondre acte et art. Je voulus m'approcher un peu plus, mais elle planta ses ongles dans mon poignet, me faisant très mal.

« Je t'en prie. Attends, dit-elle d'une voix qui me glaça. Il faut d'abord que nous soyons prêts à mourir ensemble. »

J'étais tombé sur une folle. Mais comme elle était belle, je décidai de braver tous les dangers.

Je fus réveillé par le soleil qui inondait l'appartement. J'écarquillai les yeux, ne sachant plus très bien où j'étais. J'avais froid. Je la vis enfin dans un coin de la pièce, agenouillée, ondulant d'avant en arrière, balbutiant des paroles incompréhensibles.

« Virginie ? » murmurai-je.

Elle se retourna. Des larmes coulaient sur ses joues.

« Enfin, dit-elle. Tu es réveillé. »

Elle s'approcha et se lova contre moi. Je voulus l'enlacer mais elle me repoussa. Elle prit possession de mon corps, m'interdisant de toucher le sien, et je me laissai aller dans un monde de douceur infinie. Les nuages avaient des couleurs insensées et n'arrêtaient plus de me sourire. Je flottais hors de moi-même dans un entre-deux flou.

Tard, dans la matinée, elle me servit un bol de lait avec des épices et du miel.

« Bois, dit-elle. Ça te fera du bien. C'est une recette que j'ai inventée. »

Je bus, ne sachant si elle m'empoisonnait ; c'était bon, un peu fort.

« Je veux te revoir ; ce soir, si tu es libre, demandai-je.

— Non, pas ce soir. Un autre jour. »

Je n'eus plus de nouvelles pendant plusieurs semaines. Je pensais tout le temps à elle, me souvenant de chaque instant, cherchant à comprendre.

Un jour, elle me téléphona. Il était 5 heures du matin.

« Viens », dit-elle.

Je m'habillai à la hâte et, un quart d'heure plus tard, je sonnais chez elle. Je reçus la bouffée d'encens ou de je ne sais quoi quand elle ouvrit la porte. Elle ne portait que ses longs cheveux noirs. Ses traits étaient tirés et ses pupilles dilatées.

« Prends-moi, dit-elle. J'ai besoin de ton corps. »

Petit à petit, je l'amadouai. Elle me parla et me fit entrer dans son monde solitaire et plein de chimères.

Virginie avait quitté ses parents un soir, emportée par son professeur de philo. Ils avaient fui en Israël, puis aux Etats-Unis. Elle était entrée dans une secte appelée « Mother Nature » où la règle était la liberté de tout. D'aimer, de ne pas aimer, de vivre, de mourir. Elle y était restée deux ans, à ne pas manger de viande, à ne pas boire d'alcool, à ne se nourrir que de fruits et de légumes, à chanter, à prier, à rêver.

La secte avait été dissoute et Virginie était partie en Inde. Elle y avait appris à se droguer et à s'immoler. Elle se jetait nue sur un feu et roulait dans les flammes jusqu'à ce que sa peau n'en puisse plus de souffrir.

Elle était revenue à Paris, perdue, solitaire et farouchement écologiste.

Il fallut plusieurs mois pour qu'elle acceptât de partager quelques-uns de mes amis et de m'accompagner dans mes sorties. Elle s'asseyait à côté de moi et n'ouvrait pas la bouche. Elle commandait des salades non assaisonnées et sortait une fiole pour en répandre le contenu sur les feuilles.

« C'est une huile de pépins de raisin, me

disait-elle, qui est beaucoup plus légère et plus pure. »

J'avais toujours peur dans les restaurants qu'elle vide les vases et mange les fleurs ou qu'elle exige d'aller en cuisine vérifier ce que le chef mettait dans ses sauces.

Nous passions nos week-ends en pleine nature, à marcher dans la forêt, à pique-niquer au milieu des fourmis. Virginie disparaissait sous son baladeur et oubliait jusqu'à mon existence. Nous ne parlions presque jamais.

Il nous arrivait parfois de rejoindre ses amis. Ils étaient habillés comme elle, mais en moins propre. Nous récupérions les déchets des usines responsables des malheurs qui s'abattaient sur le monde, des multinationales que nous appelions les multipolluantes. On attendait de moi des articles vengeurs que j'écrivais et déchirais aussitôt de peur que mon rédacteur en chef ne les vît et ne me transférât au *Petit Ecolo de la Bresse en colère.*

Une fois, je dus défiler. Virginie portait fièrement une pancarte et hurlait des slogans vengeurs à l'encontre des pétroliers qui polluaient les mers et les côtes. Nous étions une centaine à tourner devant le ministère de l'Environnement. Je suivais, pas du tout à mon aise. Je n'avais qu'une faible sensibilité pour les problèmes des goélands et, à part Jonathan Livingstone, aucun ne me touchait vraiment.

Je suivais ces naïfs persuadés qu'un jour le monde les écouterait ou disparaîtrait dans un chaos infernal.

Quand Virginie en parlait, j'avais froid dans le dos. Elle me décrivait des paysages désertiques, des arbres sans feuilles et sans écorce, une terre qui se fissurerait sous mes pas, des famines qui nous obligeraient à hanter, squelettiques, les derniers recoins de vie.

Les femmes ont toujours eu une grande influence sur moi et j'ai tendance à les écouter et à faire miennes leurs théories. Je suis, comme beaucoup d'hommes, un vrai caméléon. Je quittais nos discussions totalement défait, persuadé qu'elle seule avait raison. J'expliquais ses théories à mes copains qui m'écoutaient, médusés. Je souffrais, sachant bien que, au fond, pour faire cesser mes angoisses eschatologiques, il me suffirait d'en aimer une autre.

Il était encore trop tôt. J'en étais encore au stade des concessions et de la crédulité. Le mythe me dominait.

Virginie s'étiolait à Paris. Elle voulait partir se ressourcer dans la vraie nature et me fit part de son grand projet. Je décidai de l'accompagner. J'avais un retard de vacances assez grand, préférant Paris à tous les exotismes. Les plages bondées m'écœuraient et je ne me sentais bien qu'au milieu des trottoirs et des cinémas. A Paris, j'étais entouré d'amis et je n'avais pas l'obligation de toujours voir les mêmes, ce qui est la plaie des vacances.

Nous devions rejoindre en Charente un groupe qui avait décidé de restaurer un château, pierre après pierre. Virginie passa ma valise en revue, qui contenait des cachemires, des mocassins de chez Weston et des pantalons aux couleurs vives. Elle rangea la valise de cuir et piocha dans ma garde-robe un jean, quelques tee-shirts, un pull et des tennis. Le tout fut enfoui dans son sac de toile.

« Nous n'allons pas à Saint-Tropez mais travailler.

— Ma trousse de toilette ?

— Prends un savon, une brosse à dents et du dentifrice. Pas besoin de rasoir ; et surtout pas de déodorant. Ça bloque la transpiration.

— Bien », dis-je en retroussant le nez.

Je découvris une ferme sans eau ni électricité. Nous dormions tous ensemble dans une grange à même le foin. C'était très désagréable et je passais les nuits à me gratter, ne sachant si mes démangeaisons étaient dues à la paille ou à des puces amoureuses de ma peau de citadin. Nous vivions au rythme du soleil. Levés très tôt et couchés dès le crépuscule. Les femmes partaient chaque matin chercher du lait et des vivres au village. Elles se relayaient ensuite pour griller ou plutôt brûler leurs achats sur un grand feu de bois. Certaines faisaient des confitures, d'autres nous aidaient à porter les pierres destinées à restaurer le château. Il s'agissait en fait d'une petite ferme fortifiée. Le soir, nous étions harassés. Mes mains habituées aux douceurs de la vie supportaient mal ces travaux rugueux et s'écorchaient sans cesse. Virginie les pansait avec des herbes aux propriétés cicatrisantes qui ne cicatrisaient rien du tout.

Parfois, autour du feu de bois, nous flirtions un peu. Elle me repoussait très vite.

« Attends Paris, disait-elle.

— J'ai envie de toi.

— Pas ici. Ça ne se fait pas. »

Ils ne le faisaient pas, en effet. Nos amis semblaient totalement asexués. Ils communiaient par la nature, le travail, le discours écologique, et avaient perdu tout désir, toute sensualité. Les femmes étaient devenues des travailleurs sans grâce, ni maquillées ni coiffées, retrouvant des gestes rustiques, perdant ce qui les avait rendues attrayantes.

Je m'ennuyais à mourir et, en outre, je devais me transformer en maçon non rémunéré. Je n'avais même pas la consolation que procurent habituellement les jolies maçonnes ou celle, plus simple, du bon coup de rouge.

Virginie était heureuse. Elle en oubliait de fumer.

Parfois, elle chantait des chansons du folklore américain, accompagnée par un jeune guitariste aux cheveux hirsutes. Elle avait une jolie voix, très basse, et tout le monde se taisait pour l'écouter. Elle rayonnait d'amour, se donnant ainsi à tous sans pourtant qu'il y eût la moindre équivoque. Je n'étais pas jaloux. Elle n'appartenait plus à personne.

Je décidai de partir sur la pointe des pieds. J'avais les mains trop écorchées et le cœur pas assez.

Les menteuses

« Il faut s'amuser à mentir aux femmes ; on a l'impression qu'on se rembourse. »

Sacha GUITRY.

Il n'est de pire pléonasme que l'expression « une femme menteuse ». Il faut pourtant parler des menteuses, sinon à quoi bon parler des femmes ?

Ne nous méprenons pas ; le mensonge chez elles, loin d'être un défaut, est un art. Il y a des douées et des surdouées mais il n'existe pas de menteuses médiocres.

Elles commencent à l'école. Nos cours étaient mixtes et je me rappelle que, souvent, nous revenions le lundi avec des récitations mal apprises ou des devoirs bâclés ; parfois pas même écrits. Les garçons inventaient des histoires compliquées et se faisaient toujours coller ; les filles, jamais. Leurs excuses étaient cent fois moins plausibles que les nôtres, mais tellement mieux racontées.

J'avais les larmes aux yeux en écoutant cette petite fille de huit ans que son père battait et que sa mère enfermait pendant des heures dans un placard, sans eau ni nourriture. Pour un peu, j'aurais demandé à mes parents de l'adopter.

Plus tard, j'ai longtemps cru, par exemple, que mon sexe était le plus beau du monde. Que j'en usais et en abusais mieux que tous ceux qui m'avaient précédé ; qu'elles n'avaient jamais connu et vécu de telles extases. J'étais l'amant idéal, celui dont elles ne se lassaient jamais et qui les rendait folles.

Je promenais mon corps merveilleux de menteuses en menteuses, condescendant à les aimer et à leur prêter ce don de la nature qui m'était échu.

Un divorce me ramena à la dure réalité. Au cours d'une de ces scènes terribles qui précèdent les grandes séparations, Marie me dit tout. Que j'étais le pire des amants, que je n'avais pas de quoi être fier de mon physique et que j'avais bien tort de prendre les compliments des femmes pour autre chose que des mensonges de complaisance.

Je mis ses propos sur le compte de la colère et du climat de haine qui régnait entre nous. Je n'y croyais pas et voulus me rassurer au plus vite.

Ce n'est pas si facile. On ne peut aborder ses amis et leur demander de se déshabiller pour faire une comparaison ; encore moins téléphoner à ses ex-petites amies pour leur poser la question.

Un soir, je rencontrai une charmante jeune femme et lui fis la cour. Nous sortîmes plusieurs fois ensemble, puis je lui proposai de l'emmener passer un week-end à la campagne.

Après le dîner dans l'auberge où nous avions réservé, je l'emmenai faire le tour du parc. Nous flirtions derrière chaque arbre, nous embrassant avec la passion de ceux qui ne s'aiment pas encore.

Nous fîmes l'amour plusieurs fois, puis nous endormîmes épuisés. Le lendemain, je la réveillai en l'embrassant. Après le petit déjeuner, nous eûmes de nouveau envie l'un de l'autre.

« Tu as été heureuse hier soir ?

— C'était merveilleux.

— Tu es sympa, mais je sais que ce n'est pas tout à fait vrai.

— Pourquoi dis-tu cela ?

— Je ne suis pas un très bon amant.

— Mais si, voyons.

— Tu es adorable mais je le sais. J'en fais un petit complexe.

— Mais non, dit-elle en riant. C'était plutôt agréable, pas mal. »

Pas mal ! Mon illusion de supériorité partait en fumée : je n'étais que « pas mal ». Toutes m'avaient menti.

Je drapai ma suffisance dans un peignoir et partis faire ma toilette, la laissant pleine d'insuffisance.

Nous sommes tous des amants passables. Ce n'est au fond pas grave, puisqu'elles font de nous des amants extraordinaires. Remercions leurs mensonges qui nous comblent aussi longtemps que dure notre crédulité — malheureusement infinie.

A présent que je sais, j'adore observer une femme séduire un homme et le rendre fou d'amour pour elle. Je sais que c'est facile parce que les hommes sont assez niais, mais entendre les femmes mentir est un tel ravissement !

Leur technique est simple. Elles nous posent quelques questions, nous écoutent, puis mentent avec assez d'intelligence pour combler nos désirs.

« Dis-moi ce que tu cherches. Je te dirai qui je suis. »

Ce sont des Duse, des Sarah Bernhardt. Au fond, il ne sert à rien d'en changer puisqu'elles sont toutes les femmes à la fois.

Une belle ténébreuse, réfléchie, profonde avec un amant peut devenir gaie, insouciante et bohème avec le suivant. Un homme a toujours le même type de femmes. Elles se conforment à l'image qu'il recherche.

Mon amie avocate dit que les habitués du divorce font à chacune de leurs épouses les mêmes reproches et leur trouvent toujours les mêmes défauts. Que de pensions versées inutilement, puisqu'elles ne sont jamais réellement celle que nous croyons et dont nous voulons nous séparer !

A force de mentir, certaines ne savent plus qui elles sont. Ce sont des mutantes. Pour changer de personnage, il leur suffit d'aimer un autre homme. Elles commencent par mentir, puis deviennent leur mensonge.

J'ai vécu comme tous les hommes avec une menteuse et je passais sans arrêt du roman à la réalité. Quand je la rencontrai, Marie me raconta la légende de sa famille. Je la connus un jour ; un couple fort agréable, mais qui ne correspondait en rien à celui qu'elle m'avait décrit. La grande femme blonde et mince, racée et intelligente, qui était sa mère prétendue et à laquelle elle ressemblerait un jour, se révélait une femme petite et potelée ; son père supposé sénateur n'était qu'adjoint au maire de l'un des plus modestes villages de France ; l'arbre généalogique aux multiples branches se réduisait à un petit buisson ; quant à ses longues études en Angleterre, elles disparurent soudainement le soir où j'invitai un Anglais à dîner.

Quand, aujourd'hui, je lui demande pourquoi elle m'a autant menti, elle me fait cette réponse désarmante :

« Sinon, tu ne m'aurais pas aimée. »

On tombe fou amoureux d'un mensonge et on en découvre un autre. Les tribunaux jugent sévèrement la publicité lorsqu'il y a tromperie sur la marchandise. Devons-nous dénoncer les falsificatrices ?

Jamais. Leur danse des sept voiles est trop sublime et leurs contes des Mille et Une Nuits sont trop plaisants.

Je fus un jour persuadé que Marie me trompait. Elle se mit tout à coup à suivre des cours de gymnastique, à s'occuper d'elle-même, à réviser sa garde-robe. Elle était joyeuse, passait de longs moments au téléphone et raccrochait dès que j'arrivais dans la chambre. Elle, qui n'était jamais sortie le soir sans moi, avait de plus en plus fréquemment des dîners de femmes ou des soirées cinéma avec une amie.

Elle rentrait les yeux brillants et excités, virevolant dans l'appartement, s'inquiétant de moi, mais sa mémoire mélangeait les noms d'acteurs ou se trompait sur les titres des films.

Un soir, n'y tenant plus, je lui demandai de s'asseoir, car je voulais lui parler. Je ne parvenais pas à terminer un article sur les abus de pouvoir et j'étais très énervé.

« Je sais que tu me trompes et j'en ai assez.

— Tu es fou.

— Ecoute, j'en ai la preuve. Je t'ai fait suivre, inventai-je. Ne mens pas, c'est inutile. »

Elle me regarda longuement, dans les yeux, puis se leva en haussant les épaules.

« Tu es trop bête. »

Je la suivis. Elle était entrée dans la chambre et sanglotait sur le lit.

« Arrête de pleurer. Explique-toi plutôt. »

Elle se leva sur un coude et me regarda avec tristesse.

« Tu veux savoir la vérité ?

— Je t'écoute. »

Elle renifla et soupira. Sa voix était saccadée.

« Depuis des mois, tu ne fais plus attention à moi. Tu ne me regardes plus ; tu ne penses qu'à ton foutu journal. Nous ne sortons plus, nous ne parlons plus. Tu ne me demandes jamais ce que je fais. Tu t'en fous. Tu ne parles que de ton boulot ; de ton rédacteur en chef. Nous ne faisons plus de projets ensemble, nous ne rêvons plus jamais. C'est à peine si nous faisons l'amour.

— Et c'est pour ça que tu as pris un amant ?

— Mais non, je ne te trompe pas. Je cherche à te rendre jaloux pour que tu me voies de nouveau. N'as-tu pas remarqué que je sors souvent le soir alors qu'avant je ne le faisais jamais ; que je me trompe sur les films que je vais voir ; que je cours les magasins le samedi alors que j'ai horreur des courses ?

— Si, bien sûr.

— J'ai même demandé à un garçon bien inoffensif mais gentil, qui travaille avec moi, de m'accompagner au restaurant pour ne pas dîner seule.

— Mais enfin, c'est idiot. Tu aurais dû me le dire.

— Tu n'aurais pas écouté. C'est la première fois que nous parlons depuis des mois. »

Plein de remords et me sentant horriblement coupable, je pris sa main et l'attirai contre moi. Elle pleurait de nouveau et je la serrai dans mes bras.

« Je suis désolé, mon amour.

— Tu sais bien que je serais incapable de te tromper. Je t'aime tant ! J'ai besoin de toi. Que tu t'occupes de moi. C'est pour cela que je voulais te rendre jaloux. C'était idiot, mais je ne savais plus quoi faire.

— Pardonne-moi », dis-je au bord des larmes moi aussi.

Plusieurs années plus tard, alors que nous

n'étions plus qu'amis, je sus la vérité. A l'époque, elle n'avait pas eu un amant, mais deux.

Toutes mentent — grands ou petits mensonges. J'en ai connu une qui s'inventait chaque semaine une nouvelle date d'anniversaire pour recevoir des cadeaux. Une autre qui pleurait de vraies larmes pour échapper à une contravention. Elles mentent même pour rien. Parce qu'elles ne peuvent pas s'en empêcher. Elles mentent aussi parfois quand elles parlent de nous. Elles nous montrent plus beaux, plus intelligents, auréolés des succès qu'elles nous inventent.

Elles nous rendent idolâtres des portraits qu'elles dessinent de nous. Nous nous aimons enfin...

Ce doit être horrible à vivre, une femme qui ne ment pas.

Les mondaines

« C'est en public que les femmes
se déshabillent le plus volontiers. »

Paul MORAND.

Je me regardai dans la glace, plutôt heureux du résultat. Le jean délavé m'allait bien et ma chemise bleue faisait ressortir mon teint bronzé de juin. Aux pieds, les habituelles Dockside qui sont de rigueur avec ce style de tenue. Mes cheveux trop longs me donnaient un faux air de play-boy. Franchement, je me plaisais et j'étais prêt à rencontrer la marquise de L. et tous ses invités champêtres.

Diane entra dans la salle de bains alors que je finissais de m'admirer.

Je l'avais rencontrée dans un avion. Elle portait un nom compliqué, semé de particules, travaillait comme attachée de presse chez un grand couturier parfumeur (les seuls qui gagnent de l'argent) et, de surcroît, était belle et intelligente.

Le monde qu'elle évoquait m'était si inconnu que j'avais l'impression d'entendre une langue étrangère. Elle parla longtemps, beaucoup et vite ; son discours s'émaillait d'une cascade de noms et quand j'ouvris la ceinture de mon siège, j'étais ivre de ses paroles, ne sachant plus où j'avais atterri ni quand nous devions nous revoir. Ce dont j'étais sûr, c'était que, si cet ouragan entrait dans ma vie, celle qui la suivrait serait nécessairement une muette. Il faudrait donc que notre aventure durât le plus longtemps possible car rien n'est pire qu'une femme silencieuse ; on n'est jamais sûr qu'elle vous écoute et vous comprenne.

Diane me raccompagna et, dès notre baiser de bonsoir, je sus que j'allais connaître le meilleur et le pire pendant quelque temps.

« Je suis très prise, me dit-elle, mais j'aimerais vous revoir. »

Elle m'appela le lendemain.

« Je suis follement occupée, mais je me suis arrangée pour lundi prochain. »

Ce fut rondement mené. J'eus à peine le temps de parler que j'étais déjà sur son palier, rhabillé, avec la promesse d'un appel prochain, dès qu'elle aurait une minute.

Ensuite, Diane partagea avec moi ses rares soirées libres. La plupart du temps, elle venait me retrouver après un grand dîner en robe longue ou un cocktail qui n'en finissait pas. Elle me réveillait, pressée de s'endormir.

Ce jour-là, le déjeuner champêtre nous attendait et je me dépêchais. Elle ouvrit la porte de la salle de bains et s'arrêta, interdite, sur le seuil de la pièce. Droite et sévère, elle me regardait avec cette sorte d'étonnement hautain qui ne quitte jamais le visage d'une femme du monde.

« Dépêche-toi de t'habiller. Nous allons être en retard. C'est à plus d'une heure de route. »

Je répondis, ahuri :

« Mais je suis prêt.

— Prêt ?

— Oui. Tu n'aimes pas ? demandai-je soudain inquiet.

— Tu plaisantes ?

— Mais non. Sur l'invitation, il y a écrit " Tenue décontractée ". En plus, c'est un buffet campagnard.

— Viens, dit-elle. Je vais t'habiller. »

Elle feuilleta ma garde-robe, ce qui fut assez rapide.

« Tu n'as pas de veste en tweed ?

— Ni en lézard », dis-je pour essayer de faire de l'esprit.

J'avais heureusement un blazer, un pantalon gris, une chemise et une cravate, achetés en prévision de ma future réussite et jamais encore portés.

« Tu n'as pas de mocassins sans boucles ?

— Il suffit de les couper, dis-je, arrangeant. Je ne peux rien pour les semelles un peu usées, mais je peux faire disparaître les pompons. Cela dit, ajoutai-je timidement, ça fait champêtre. »

Je compris que « décontracté » voulait simplement dire : ni smoking ni costume banquier.

Dans la voiture, elle me donna une liste impressionnante de conseils. Parler peu, écouter, laisser entendre qu'on est en cour, que certains ministres ont de l'amitié ou en tout cas de l'estime pour vous.

« L'important n'est pas de plaire, mais de faire peur, dit-elle. Susciter la jalousie n'est pas utile. D'ailleurs, tu n'en as pas le premier sou. Quant aux femmes, ajouta-t-elle, fais-leur un charme sulfureux ; mais attention, ne les drague pas. Qu'elles en rêvent ou au moins qu'elles y pensent, mais qu'elles n'osent pas en parler à leurs maris. Sais-tu faire un baisemain ?

— Je sais assez bien... La main, cela dit, n'est pas ma spécialité.

— Idiot. »

Je lui racontai ma première expérience des baisemains.

Nous habitions près de Nice, un mas provençal typique entouré de fleurs et d'arbres que ma mère soignait avec amour. Un ravissant endroit. J'avais douze ans. Mon père recevait son patron et Madame. Il était nerveux et m'avait abreuvé de recommandations, dont celle du baisemain.

Les invités arrivèrent en avance, ou moi en retard de l'école, peu importe. Je me débarbouillai, me coiffai et m'habillai en même temps, enfilant les vêtements que ma mère avait disposés sur le lit.

Je dévalai l'escalier et me trouvai nez à nez avec une femme qui sortait des toilettes. Elle avait l'âge de ma mère et semblait déjà la propriétaire des lieux ; j'en déduisis que je venais de rencontrer la femme du patron.

Je m'inclinai pour effectuer le fameux baisemain. Elle leva sa main au même instant et la rencontre faillit nous coûter quelques dents et quelques doigts. Je bredouillai trois mots de bienvenue et repartis en courant vers le salon, ne sachant pas si je devais être fier ou confus.

Ma bouche me sembla tout à coup bizarre. Un vide soudain. Je m'arrêtai ; le chewing-gum n'y était plus. Sans doute l'avais-je avalé.

Je fus présenté au grand homme, qui était d'ailleurs tout petit. Il avait une moustache de gendarme et je l'imaginai aussitôt en personnage de bandes dessinées, un général Dourakine plutôt gentil et bienveillant. Sa femme entra et marcha vers moi. Avec un grand sourire, elle me tendit un tout petit objet : mon chewing-gum.

« Qu'est-ce que c'est ? demanda mon père.

— Rien », dit-elle.

Puis se tournant vers moi, elle ajouta :

« Remettez-le vite dans votre bouche. »

Ce que je fis. Puis, ivre de confusion, je l'avalai, ce qui me permit d'affirmer à mon père, quelques heures plus tard, alors qu'il pérorait sur sa promotion, que le secret, entre l'épouse de son patron et moi, servirait sûrement sa carrière.

Mais revenons à Diane. Pendant les quelques mois que dura notre amour, elle transforma ma vie. Les journées d'une mondaine sont harassantes. Elles n'ont qu'un but : lui permettre de se faire voir dans le bon contexte.

D'abord, il faut arriver au meilleur moment. Trop tôt est ridicule ; trop tard n'est tolérable que si vous êtes l'invité le plus important. Quand un ministre est à l'heure, c'est qu'il sait que son limogeage est proche.

Un soir, j'avais rendez-vous avec Diane chez une comtesse en vue : 20 heures, disait l'invitation. Pour ne pas me faire remarquer et subir la mauvaise humeur de Diane, j'arrivai à 20 h 15. Un jeune homme attendait déjà devant la porte et je le saluai. Il était en polo et pantalon beige, une sacoche en bandoulière. J'avais dû une fois de plus me tromper de vêtements. Tant pis. Mieux valait, disait Diane, être trop habillé que pas assez.

Une camériste (dans ce milieu, on ne parle jamais de « bonnes ») nous ouvrit. Le jeune homme disparut et je me retrouvai seul dans un immense salon. Mon verre à la main, je changeai dix fois de canapé, croisai et décroisai les jambes, défroissai mon pantalon et attendis.

La maîtresse de maison arriva enfin. Elle me toisa et dit en souriant avec ironie :

« Vous êtes le premier. C'est bien. Il faut toujours un premier. Mon mari a été très occupé. Il sera bientôt là. Il finit de s'habiller. »

J'enlevai mes lunettes et lui fis mon célèbre baisemain.

« Vous êtes le journaliste ? Le nouvel amant de Diane, n'est-ce pas ? »

Les mondains parlent cru. Ils appellent ça parler vrai, à l'inverse du peuple qui enjolive tout. On me présenta un soir un homme charmant en m'expliquant qu'il était homosexuel et passionnant. Mes hôtes semblaient fiers d'exhiber leur ami. Dans les dîners, aujourd'hui, il faut un grand homme d'affaires, un politique, un journaliste, un repris de justice et, si possible, un homosexuel.

Enfin, le reste des invités arriva, puis bien sûr Diane, plus resplendissante que jamais.

« Tu es là depuis longtemps ? me demanda-t-elle.

— Il m'a prise dans mon bain, répondit la comtesse à ma place. Tu as dû l'inviter pour le thé, pas pour le dîner. »

Entre mondaines, on ne se fait pas de cadeaux. On s'entre-tue à longueur de soirées.

J'étais assis loin de la maîtresse de maison, comme le veut l'étiquette. Je n'avais pas de passé pénal à mon actif ; je n'étais qu'un amant intérimaire.

Quand il me présenta le plat, j'eus un choc. Le maître d'hôtel était celui que j'avais croisé sur le seuil. Il avait troqué ses vêtements de sport contre une veste blanche et un pantalon noir. Il me sourit et je l'enviai presque. Diane, d'après ce que je compris, avait déjà dîné. Elle mangeait malgré cela de bon appétit.

Les mondaines sont étonnantes. Elles peuvent déjeuner, dîner et faire les cocktails plusieurs fois par jour sans perdre leur entrain ni leur enthousiasme. Une seule règle : ne rien manquer. « Je ne t'ai pas vue au dîner chez X » les tue. Leur angoisse est qu'on imagine qu'elles n'ont pas été invitées. Et si, vers 17 heures, leur coiffeur suppose qu'il les brushe pour la soirée des Untels et qu'elles n'y sont pas conviées, elles défaillent.

Donc, il leur faut « passer » — passer étant la

grande expression des mondaines. On ne déjeune pas, on ne dîne pas, on passe, avec comme devise : « Veni, vidi, vici. »

A 18 heures commence la course. Certaines se changent dans leur voiture entre deux « passages » pour être toujours de bon ton.

Diane m'épuisait. Pas au lit, car elle était trop fatiguée lorsque nous rentrions le soir. Elle me tuait de dîners en dîners, de verres en verres. Parlant peu, je buvais trop, ne sachant pas encore échanger un verre plein contre un autre verre plein.

Je les écoutais sans trop comprendre qui lapidait qui. Les mondains entre eux sont méchants. Un soir que notre hôte me demandait des nouvelles du propriétaire de mon journal, je répondis :

« Il va très bien. »

Diane fronça les sourcils et les autres convives me regardèrent avec un air de reproche. Plus tard, elle m'apprit qu'à ce genre de questions, il faut toujours répondre par une critique acerbe et si possible drôle. L'ironie est de rigueur, et le sérieux ou les mots gentils sont bannis de ce petit monde.

J'appris ainsi que telle femme ministre demandait bruyamment à sa secrétaire d'aller lui chercher ses pilules, alors qu'elle avait depuis longtemps franchi le cap de la ménopause ; que tel grand homme d'affaires s'était fait arrêter au Bois de Boulogne en train d'apprendre le brésilien ; que tel fortuné ne résisterait pas au divorce qui allait le surprendre.

Dans ces dîners, les femmes sont beaucoup plus dures que les hommes. Elles font assaut de ragots et c'est à qui divulguera le plus inédit des secrets.

Diane n'était jamais en reste et je m'étonnais de la voir exécuter le soir la jeune femme qu'elle avait traitée quelques heures plus tôt comme sa meilleure amie. Quand je lui en faisais la remarque, elle répondait :

« Mais, mon chéri, sans cela, nous ne serions plus invités. Je suis d'ailleurs certaine qu'elle aussi me tue gaiement dans ses dîners. Tant qu'on parle de quelqu'un, c'est qu'il existe », ajoutait-elle avec philosophie.

Diane n'achetait pas de robes. On les lui prêtait. Ça lui permettait de ne jamais être démodée tout en faisant office de mannequin.

Avant chaque grande réception, les mondaines se précipitent pour se faire griffer, le pire des drames arrivant lorsque l'une se trouve face à la même robe prêtée, sur le dos d'une autre. Diane, dans ces cas-là, rassurait les deux avec un tact et un charme qui m'épataient.

« Elle te va tellement mieux qu'à elle ! C'est fou : on dirait deux robes complètement différentes. La sienne est forcément une copie. Ça se voit comme le nez au milieu du visage. »

Enfin, il y a les courses, lieu de rencontre privilégié du Tout-Paris. Je dus une fois accompagner Diane à Longchamp pour assister au Grand Prix de l'Arc-de-triomphe. J'avais loué un habit ainsi que le chapeau ridicule assorti.

Diane était rivée à ses jumelles et égrenait des noms. Je croyais qu'il s'agissait de chevaux ; elle reconnaissait seulement le gratin mondain.

Elle m'obligea à jouer un perdant pour pouvoir montrer ensuite à son propriétaire l'estime et l'amitié qu'elle lui portait. Elle distribuait des « chéries » à toutes les femmes qui nous croisaient et les assassinait ensuite.

Finalement, je me lassai de Diane. Le tour du « monde » est rapidement fait. On finit par ne plus supporter la haine cordiale, les femmes enrubannées, refaites de partout, qui bougent leurs oreilles chaque fois qu'elles sourient ; les nez qui se ressemblent tous, les mains qui disparaissent sous les bagues, certaines mondaines rêvant de se faire greffer des doigts pour en porter plus ; on s'épuise à leur trouver une autre vertu que leur futilité.

Ce sont des robes et des bijoux qui passent sans jamais réussir à se poser.

Plus tard, elles deviennent de vieilles mondaines. C'est encore plus méchant et ça n'est même plus agréable à regarder.

Les NAP
Neuilly-Auteuil-Passy

« Il n'y a pas de peuple chez elles. »

MICHELET.

Des cheveux bruns ou blonds, courts et proprement arrangés comme s'ils sortaient de chez un coiffeur; un jean bien repassé, bien lissé, fabriqué dans un tissu cher et nouveau qui ressemble à du jean et qui coûte dix fois le prix étudiant; une ceinture Chanel, des chaussures du même nom, une chemise Saint Laurent et un sac Hermès, bleu et petit. A quoi bon le jean, direz-vous? Pour pouvoir porter tout le reste sans être ridicule. Pour être bourgeoise et quand même bohème.

Parlons des bijoux. Il en faut beaucoup, avec de préférence des noms que portaient leurs mères, Cartier, Boucheron et parfois Chaumet avec son léger parfum de scandale. Ça fait un peu frissonner. Chaumet est devenu presque un fantasme, une rébellion.

Les valises sont immaculées. Si Vuitton est trop cher, on se promène en Gucci. Quant à la voiture, elle est petite, luxueuse et sobre à la fois. On préférera une couleur noire mais des sièges en cuir havane ; pas de téléphone, parce que ça fait Sentier. Rien d'ostentatoire : il n'est pas convenable d'exhiber la fortune de papa. On en profite sans la montrer et il est de bon ton de discuter âprement l'augmentation d'un domestique ou d'être celle qui donne le moins d'étrennes à son concierge. Les cent francs d'une bourgeoise valent beaucoup plus que les grosses enveloppes d'un confectionneur, fraîchement arrivé de Casablanca. Etre pied-noir, juif et spécialiste du tee-shirt oblige à de vrais sacrifices ; on ne peut survivre qu'en payant. Il suffit aux NAP de sourire.

Leurs appartements comportent des tas de petites pièces, petites mais pleines. C'est un pur cas de mathématiques ; un problème de volumes. Durant des générations, la famille a acheté et amassé objets, meubles, tableaux et bibelots. Pendant ce temps, compte tenu de l'augmentation du prix du mètre carré, les appartements ont rétréci. Moins de contenant et plus de contenu créent l'affreux dilemme ; et, comme chez les bourgeois la superstition interdit de vendre, on garde, on case les divans d'une grand-mère, le tableau hérité d'un oncle, trois services d'argenterie. C'est vieux, démodé et abîmé, mais qui oserait la moindre remarque ? On n'est pas une famille de nouveaux riches. Le vieux et le cassé sont les symboles d'un passé familial séculaire, faute de blason et de château fort. Le crasseux effiloché signale la vraie bourgeoisie, celle installée depuis 1789 dans les dépouilles de la noblesse, qu'elle a guillotinée pour prendre sa place.

Je partageai pendant un temps l'intimité d'une famille bourgeoise. Mon prestige d'écrivaillon avait séduit les parents, après que ma vie de bohème et mes conversations crues eurent violé la fille.

Aimée était séduisante et m'avait séduit. Elle finissait une licence de lettres et nous vivions au rythme des auteurs que nous lisions, nous aimant au travers d'eux. Elle passait des heures chez moi à discuter, à m'aimer quand nous avions épuisé les plus beaux sujets et, petit à petit, ma vie s'était habituée à elle. Mon appartement lui avait fait une grande place et s'ennuyait sans elle.

On ne peut aimer une bourgeoise sans être tôt ou tard invité chez ses parents.

Aimée me transmit de nombreux messages, de plus en plus insistants puis, enfin, menaça gentiment de me quitter si je n'obéissais pas. Un déjeuner sans risques, sans conséquences ! Elle voulait me montrer sa maison, son enfance. Cela se faisait dans son milieu et, comme les jeunes filles de la bourgeoisie écoutent leurs parents, Aimée le ferait et moi aussi. Chaque fois que je me jetais sur elle pour la déshabiller, elle me parlait de ses parents qui s'impatientaient. Je les imaginais, assis dans l'antichambre, habillés de vieux et m'attendant.

Ils étaient les héritiers d'une fortune, d'une dynastie et ils avaient des obligations incontournables telles que rencontrer l'amant de leur fille. Quand une enfant de NAP change de nom, cela devient une affaire d'Etat. A ne pas confondre avec les SAC, Sarcelles, Aubervilliers, Clichy. L'héritage est très maigre et, dans ce cas, il ne s'agit plus de bourgeois ; seulement de pauvres qui s'illusionnent.

Je m'étais habillé en conséquence. Pantalon gris flanelle, un peu lustré aux genoux et aux fesses, comme il se doit, veste de tweed que le Sentier qualifie d'anglais, mocassins à pompons. La chemise était discutable, mais il faut savoir qu'elle allait avec une autre veste ; à la dernière minute, j'en avais changé, préférant faire déjeuner de chasse plutôt que cadre.

Les bourgeois ne sont ni employés ni cadres. Ils sont professions libérales, bien que leur idéal soit de regarder fructifier leur capital sans travailler. Rien n'est plus vulgaire que d'être obligé de trimer pour vivre.

Les parents d'Aimée étaient banquiers. Elle, propriétaire de terrains du côté de Mougins, et lui, fils et petit-fils de banquiers, avec de surcroît le nom de sa banque sur son extrait de naissance. J'imagine un M. Potin appelant son fils Félix ! Mais Aimée en était très fière. J'avais beau lui expliquer que le jour de son mariage elle changerait de nom, elle n'en démordait pas.

Elle me poussa enfin dans l'hôtel particulier, bien placé, qui avait abrité sa jeunesse dorée et alléché une armée de prétendants intéressés.

Rien ne manquait. Le maître d'hôtel qui, à

l'unisson de la famille, attendait l'heureuse surprise, les fusils accrochés au mur de l'entrée, quelques trophées aveugles et les Louis XVI aux pieds galbés. Les tons étaient jaunes. Pas un jaune mode, mais un jaune bourgeois : passé et damassé.

J'entrai dans le salon, précédé par le maître d'hôtel et par Aimée, ravie de me piloter enfin. Les parents n'y étaient pas. Ils avaient dû me guetter par une fenêtre et égrenaient les minutes bienséantes. Il fallait maintenant me laisser le temps de me familiariser avec leur luxe.

Le salon se présenta sans surprises. Les fenêtres étaient enrubannées de bouillonnés dont les couleurs fanées se mariaient avec les tissus des canapés et des fauteuils. Aucun n'était confortable et tous exprimaient la crainte de se voir occupés. Je les imaginais affublés de housses ou entourés par ces cordelières qui en interdisent l'utilisation dans les châteaux. Ils étaient rébarbatifs.

Aux murs, des cadres épais entouraient des scènes de chasse sombres et je rêvai un instant de planter quelques marguerites dans ces toiles anciennes, mais sans grâce. Les boiseries, en revanche, étaient jolies.

La maîtresse de maison parut enfin, suivie de son mari. On ne se trompe pas en Chanel et, comme les bourgeois ont horreur des fautes de goût, elle était habillée Chanel de la tête aux pieds. Un tailleur beige et le reste assorti. Des bijoux, suffisamment nombreux pour me faire savoir la chance que j'avais de connaître leur fille, tintaient à chacun de ses mouvements.

Elle me gratifia d'un regard évaluateur.

« J'ai tellement entendu parler de vous, cher monsieur. Puis-je vous appeler Pierre ? »

Elle continua sur ce ton, présenta son mari, puis déclina leur arbre généalogique, les études de sa fille, le pedigree du chien, passionné par mes chaussures qui avaient dû marcher dans ce qu'il ne fallait pas, ce qui m'énervait prodigieusement. Elle se plaignit des domestiques qui voleraient si on ne les surveillait pas, des impôts. J'étais soûlé de mots. Pour un peu, elle m'aurait parlé de ses avoirs en Suisse.

La voix pompeuse du maître d'hôtel nous convia heureusement à la salle à manger. Les domestiques de bourgeois sont plus snobs que leurs maîtres. C'est l'excuse de leur servilité.

Le déjeuner était parfait : entrée, plat principal, fromage, dessert ; dans l'ordre comme le veut la tradition. Les sujets de conversation étaient variés, légers. On me posait des questions sans écouter les réponses. Ils savaient déjà tout et ne cherchaient qu'à être polis.

Je sentais que l'instant crucial approchait et j'étais comme un papillon pris par la lumière.

J'aimais Aimée. Elle ne leur ressemblait pas et, pourtant, elle les écoutait sagement. Je découvrais une jeune fille timide et bien élevée — une inconnue. Nue, elle était une maîtresse folle et droguée de nous ; habillée, elle me vouvoyait presque.

On servit café et cognac et ces dames nous quittèrent.

Il était aussi ennuyé que moi et trois fois m'offrit le même cigare. Il m'expliqua que Robert Hersant ne pouvait rien lui refuser, que Lagardère était son obligé ; bref, que ma carrière était faite. Je décidai de l'aider.

« Vous avez une maison ravissante.

— C'est vrai, dit-il. Ma fille est ravissante. »

J'éclatai de rire et, prenant conscience de son lapsus, il rit avec moi.

« Vous avez tout compris, me dit-il, soulagé. Je suis en service commandé. Nous sommes des personnages de Montherlant. »

Il me regarda en souriant et ajouta :

« Vous êtes sérieux ou pas ? Avec Aimée, veux-je dire.

— Non.

— Bon, alors amusez-vous bien mais, surtout, ne la faites pas souffrir. Le reste, je m'en fous. »

Nos regards se comprirent et l'entretien se termina. Il se leva, ouvrit la lourde porte aux boiseries chantournées et me précéda.

Nos épouse et ex-future épouse nous attendaient sous la véranda. Je me dis qu'Aimée ressemblait à sa mère et la vis soudain, avec trente ans de plus, trop maquillée, enjolivée, habillée coûteusement et brillante de bijoux. Aimée en arbre de Noël, éclatante et vernissée.

Ma presque belle-mère se leva avec grâce et nous offrit un café. Elle faillit tout gâcher en nous demandant si nous avions fait de bonnes affaires...

Je n'avais rien à donner, sauf ma liberté, et ça, j'étais résolu à la protéger envers et contre toutes les belles-mères potentielles du monde.

Sur le chemin du retour, Aimée hésita longtemps puis, n'y tenant plus, me questionna.

« Papa ne t'a pas trop ennuyé ?

— Non. Nous avons l'autorisation de nous aimer gratuitement.

— Tout ça venait de ma mère, dit-elle. Papa s'en fout. Excuse-les.

— Ils sont parfaits. Surtout ton père. Il m'a fait rire. »

Je lui racontai la scène.

Aimée me présenta ses amis bourgeois. Des fils-présidents à la voix Sciences-po et aux sourires bien élevés. Ils se garaient en triple file, papa connaissant bien le préfet de police ou le ministre de l'Intérieur, s'habillaient chic et mode, portaient leurs cheveux un peu trop longs et donnaient leur avis sur tout.

Leur carrière surtout les obsédait. Ils étaient pressés de succéder au père ou à l'oncle qui les logeait pendant la journée. Ceux qui faisaient encore des études ne parlaient que de leurs futures fonctions au sein de l'affaire familiale et jouaient déjà aux despotes.

J'étais pour eux une bête curieuse et je sentais une certaine condescendance dans leur politesse. Je n'avais aucun plan de carrière, me contentant d'être un jeune journaliste. Ma vie me suffisait et j'étais heureux de ne pas devoir chaque jour songer au lendemain.

J'étais fasciné par les amies d'Aimée. Elles étaient un peu plus jeunes que moi et pourtant tellement plus âgées. Elles planifiaient leurs vacances des mois à l'avance, ne parlaient de leurs amis garçons qu'en décrivant leurs curriculums bancaires complets, conduisaient des voitures de femmes mariées et tenaient des discours de notaires.

Aucune ne comprenait la liaison d'Aimée avec moi. A leurs yeux, elle perdait son temps.

En fait, elle perdait son quant-à-soi, ses bonnes manières, elle perdait la tête — le corps aussi. C'est à corps perdu qu'elle vivait avec moi sa jeunesse. Il lui fallait tout expérimenter, tout oser, elle voulait les grands désordres pour pouvoir accepter ensuite de se ranger bourgeoisement. Elle s'était jetée dans l'aventure avec moi de toutes ses forces de petite fille avide. J'entrais, effrayé et heureux, dans ses fantasmes déchaînés. Je l'aimais trop pour la freiner ; pour comprendre que l'excès est souvent une forme de suicide.

Elle avait décidé de briser tous les interdits. Nous faisions l'amour dans les endroits les plus publics. Une voiture, un restaurant, un avion, une soirée pleine d'invités. Nous réussîmes même à nous aimer dans un ascenseur bourré de monde. L'angoisse me prenait dès que nous n'étions plus seuls : ses yeux commençaient à briller. Nous fûmes chassés d'une poste, d'une banque et même d'un taxi. Quant aux cinémas, j'avais toujours l'impression que nous ne verrions jamais la fin du film.

Un soir, elle vint me retrouver chez moi. Il était tard et j'allais me coucher. Elle avait l'air triste. Quand je voulus l'embrasser, elle me repoussa.

« Il fallait que je te voie, dit-elle d'une voix très basse.

— Qu'y a-t-il ?

— Mes parents m'envoient un an en Amérique, faire un stage et apprendre l'anglais.

— Tu peux refuser.

— C'est impossible, tu le sais bien. »

J'accusai le coup. Je me sentais vide, perdu. Nous avions été trop loin ou pas assez. J'avais besoin d'elle. Je l'aimais.

« Quand pars-tu ? Si tu pars ?

— Demain.

— C'est une plaisanterie ?

— Non, je le sais depuis quinze jours mais je ne voulais pas te le dire. Je suis trop triste. »

Nous fîmes l'amour longtemps et mieux que jamais. Mon angoisse rendait nos étreintes plus profondes, plus désespérées. Je voulais partir avec elle, écrire le roman de notre amour — pleurer.

Je ne reçus plus jamais le moindre appel téléphonique de sa part. Abattu, ne comprenant pas ce silence, je traînais ma solitude nouvelle d'amis en amis. Elle avait trop empli ma vie, j'avais le vertige du vide.

Heureusement, cela ne dura pas longtemps. Entre le désespoir et l'enthousiasme, je ne sais pas être simplement triste. Assez vite, je ne le fus plus du tout.

Quelques semaines plus tard, au hasard d'un dîner, je rencontrai une de ses amies. Je l'avais souvent croisée au temps d'Aimée. Elle portait des nattes et des lunettes.

« Je suis si contente de te voir. Comment va Aimée ? me demanda-t-elle.

— Je n'ai plus de nouvelles depuis qu'elle est partie.

— Partie ?

— A New York. »

Elle éclata de rire.

Aimée n'avait jamais quitté Paris.

Je la revis six ans plus tard. J'étais toujours journaliste en quête du prix Pulitzer et elle monopolisait les rayons du Nain bleu, achetant poupées, soldats et trains électriques. J'étais père d'un enfant et elle mère de cinq NAP de Normandie. Je la retrouvai sur un aiguillage.

« Que fais-tu là ? demanda-t-elle.

— Un filleul, dis-je rapidement, sentant qu'elle ne me pardonnerait pas un fils.

— Ah... »

Aimée habitait Rouen. Un fils de laboratoires pharmaceutiques avait séduit ses parents. Il avait courtisé pudiquement celle qui avait tout connu et qui, soudain, s'était rangée pour l'épouser. Ils avaient l'aspirine gratuite.

Elle passa aux aveux. Je n'avais rien compris ; elle s'était trompée, fourvoyée ; il valait mieux s'offrir sa propre aspirine ; nous devions nous revoir.

Je prétextai un rendez-vous, fis semblant de noter son numéro. Je voyais les enfants courir, le mari calculer et Aimée replonger dans nos souvenirs.

Nous étions à des millions d'années fantasmes.

Les désœuvrées

« Il y a une foule de folies que les femmes font par désœuvrement. »

Victor Hugo.

Avez-vous déjà vu une désœuvrée se vernir les ongles ? C'est un spectacle à ne pas manquer. Comme pour tout ce que fait une désœuvrée, elle va progresser lentement, soigneusement, ongle après ongle. Ne rien bâcler. Elle a le temps. D'abord, enlever la couche précédente qui, bien que pas encore écaillée, a le tort d'être toujours là. Il faut du coton, du dissolvant et du temps.

Ensuite, choisir le bon vernis. La désœuvrée en a une véritable collection ; tous les roses, les rouges, les orangés et même les violets font partie de sa palette ; et, comme il lui manque généralement la couleur idéale, elle hésite longuement avant de trouver la teinte la plus approchante. Enfin, elle se décide.

Après quelques coups de lime pour faire disparaître les accrocs griffants, un bâtonnet pour repousser des peaux imaginaires, elle ouvre avec délices le flacon choisi. Elle le sent, le regarde amoureusement puis, lentement, comme un peintre japonais, elle plonge le fin pinceau dans le flacon et le fait doucement glisser sur ses ongles. Les bordures, si difficiles à réussir, puis le milieu de l'ongle. La main appliquée travaille lentement, sûrement.

Quand un ongle est terminé, elle le contemple et soupire de plaisir. Quand les vingt sont finis, elle est à la fois heureuse et triste. Heureuse de voir le sublime résultat de ce long travail, triste que ce soit déjà terminé.

Il reste, Dieu soit loué, tant de choses à faire ! La pince à épiler est l'un de ses passe-temps favoris. Elle traque le poil inconvenant, sur son visage et surtout ses sourcils ; sur son ventre, ses cuisses, la peau visible devant rester lisse ; et, plus les slips sont étroits, plus la pince se promène.

Elle prend grand soin d'elle-même, direz-vous. Pas vraiment, car la désœuvrée est paresseuse. Se laver les cheveux est souvent une corvée. Elle aime s'occuper de son corps avec lenteur et se maquiller peut prendre des heures. Assise derrière sa coiffeuse ou par terre, elle joue avec dextérité des différents pots, tubes, bâtonnets et pinceaux éparpillés devant elle.

Quand un homme, après s'être déshabillé au retour du bureau, avoir pris sa douche, s'être rasé, coiffé, rhabillé, lui demande si elle est prête, elle le regarde avec étonnement et répond invariablement :

« Presque. »

Alors commence pour lui la terrible attente. Comme il s'est dépêché, il se retrouve inutile, ne sachant quoi faire, ne voulant rien entreprendre puisqu'ils devraient déjà être partis.

Le « Tu n'as rien à faire de toute la journée, tu pourrais quand même être prête » est parfaitement stérile. Elle ne comprendrait pas.

Les désœuvrées sont plus occupées que les autres femmes. Elles font mille et une choses inutiles qui leur prennent un temps fou. Avoir un but ou un travail est simple ; ne rien faire est beaucoup plus compliqué, puisqu'on ne sait jamais à l'avance le temps que cela va prendre.

Il y a d'abord le téléphone.

Pour réussir à parler à Christiane lorsque j'étais chez elle, il m'arrivait de descendre dans un café et de lui téléphoner. C'était le seul moyen que j'avais trouvé pour entrer immédiatement en contact avec elle. Je l'entendais dire « ne quitte pas » à son correspondant de la première ligne et je savourais son « allô » gourmand sur la deuxième ligne.

Les vraies désœuvrées ont deux lignes et réussissent souvent à mener deux conversations de front. Elles téléphonent entre trois et quatre heures par jour. Toutes les copines désœuvrées y passent. Elles se racontent des problèmes domestiques, les bêtises des enfants, le comportement des maris, qui sont l'un des sujets favoris de leurs longues conversations ; pour se moquer d'eux, pour susciter la compassion de l'autre qui, elle aussi, connaît un pareil enfer, parfois pour susciter sa jalousie. On ne manquera pas de raconter la merveilleuse nuit d'amour qu'on vient de passer avec son mari à l'amie qui doit, en ce moment, se contenter d'un époux fatigué.

Les désœuvrées sont terribles entre elles. Les femmes le sont en général, mais cela empire quand elles n'ont rien à faire. La vraie méchanceté demande de la subtilité et du temps pour faire mal.

Imaginez vingt désœuvrées s'appelant tour à tour entre elles pour calomnier les autres ; c'est un cauchemar. Je les admire de toujours s'y retrouver dans leurs histoires. Heureusement qu'elles partagent souvent les mêmes amants, qui sont en fait leurs maris respectifs.

Quoi de plus diabolique et de plus excitant que de patiemment forger un plan pour séduire le mari de l'autre ? Mari qui — si j'ose dire — ne voit pas le coup venir tant il est loin d'imaginer la complexité du piège. Quelle joie, le lendemain, de demander à l'épouse trompée si elle va bien et de l'entendre se plaindre du manque d'empressement dudit mari !

Christiane avait des journées très remplies. Elle dormait assez tard, ne prenant jamais son petit déjeuner avant 10 ou 11 heures. Quand je passais la nuit chez elle, je me levais silencieusement et m'habillais dans l'entrée. Le moindre bruit la dérangeait et elle dormait avec des boules Quiès pour ne pas entendre mes légers ronflements, lesquels n'avaient pourtant jamais dérangé personne avant elle. Son chien ronflait bien plus fort que moi.

Ensuite, le téléphone sonnait. De 10 heures jusqu'à l'heure du coiffeur. Elle ne dormait jamais chez moi de peur de manquer un appel. Son téléphone sans fil lui permettait de parler tout en prenant son bain. Elle y restait longtemps. Ça la reposait, disait-elle. Ensuite, le téléphone collé entre l'oreille et l'épaule comme une vraie employée des PTT, elle faisait lentement pénétrer une crème hydratante dans sa peau, d'ailleurs fort douce et fort belle. Puis, exténuée, elle fumait une cigarette en feuilletant un journal de mode.

Elle ne s'occupait ni des factures ni des problèmes quotidiens, ces corvées étant accomplies par les secrétaires de ses amants. Au besoin, quand il y avait beaucoup de choses à faire, telles que préparer des vacances ou organiser un dîner, elle prenait un amant supplémentaire pendant le temps nécessaire et le congédiait ensuite.

Je croisai un jour chez elle un jeune homme occupé à remplir ses feuilles de Sécurité sociale :

« Je suis un ami de Christiane...

— Moi aussi... »

Nous n'étions dupes ni l'un ni l'autre.

Ensuite, venait le tour de Mario, son coiffeur, qui passait tous les matins avant le déjeuner. Elle avait une passion pour Mario. Il devinait son humeur et, en fonction de celle-ci et de son habillement, créait la coiffure adéquate. Christiane pouvait y consacrer plus ou moins de temps selon les histoires que lui racontait

Mario. Toutes les confidences de ses clientes étaient rapportées avec l'ironie et l'humour que manient si bien les homosexuels.

Il lui fallait après cela courir à un déjeuner. Christiane avait tous les jours un déjeuner. Elle sautait dans sa voiture, brûlait quelques feux rouges et abandonnait le véhicule n'importe où pourvu que ce fût le plus près possible du restaurant.

Je suis persuadé que l'un d'entre nous avait un poste important au ministère de l'Intérieur ou dans la police.

Je refusais depuis longtemps de déjeuner avec elle. Elle était toujours en retard. Etre seul à pianoter sur la table devant une chaise vide me gêne. Je déteste lire ces regards de commisération pour le pauvre type à qui on a posé un lapin. Enfin, elle arrivait, hors d'haleine, en s'écriant :

« Je suis épuisée. »

Je regardais ma montre, sachant que mon premier rendez-vous de l'après-midi m'attendait déjà :

« Quoi ? Je suis en retard ?

— Un peu.

— Mais, tu es drôle, toi. J'ai trop de choses à faire. Je n'y arrive pas. Et puis c'est quoi, ton rendez-vous ?

— Mon patron.

— Alors, c'est pas grave. Tu le vois tous les jours. Appelle ta secrétaire. Tu seras rentré dans une heure. Je te déposerai. »

Effectivement, elle me déposait. Chez elle !

« J'ai envie de toi et j'adore faire l'amour après le déjeuner. »

Elle était trop belle et moi trop faible pour dire non. Ma secrétaire était heureusement très douée pour le mensonge et inventait je ne sais quel rendez-vous de dernière minute.

Devant la mine sévère de mon employeur, je décidai toutefois d'abandonner ces moments tumultueux. Ma fortune personnelle était trop limitée pour me permettre d'entrer, moi aussi, dans le clan des désœuvrés.

Christiane, ensuite, se précipitait dans tous les magasins anciens et nouveaux qu'elle connaissait ou qui lui avaient été indiqués. Il lui fallait d'abord échanger quelques vêtements achetés la veille et qui n'allaient pas ou ne plaisaient plus ; ensuite tout voir ou tout revoir.

Les femmes désœuvrées sont le cauchemar des commerçants. Ayant tout leur temps, elles peuvent monopoliser un régiment de vendeuses pendant des après-midi entiers.

Vers 6 heures, Christiane rentrait pour faire une sieste ou, en tout cas, se reposer. Elle s'allongeait sur son lit, donnait quelques coups de téléphone, écoutait un disque et buvait un Coca ou un thé. Parfois, une amie passait bavarder. Elles refaisaient le monde, se plaignant d'un trop-plein d'occupations, égratignaient quelques anciens ou prochains amants et cherchaient de nouvelles folies à perpétrer.

La femme désœuvrée est capable de toutes les folies. Une amie de Christiane, désœuvrée comme elle, passait son temps à suivre les maris de ses amies mariées. Elle racontait ensuite le résultat de ses recherches et amusait le tout-désœuvré de la ville.

Une autre apprenait à tricher aux cartes.

Le bain vespéral prenait à Christiane le reste de l'après-midi. Ensuite elle essayait dix robes, plusieurs ensembles avec pantalons, choisissait enfin une tenue et laissait bien sûr tout ce qui ne serait pas porté sur le lit.

Une nouvelle course commençait. Cinéma, dîner, boîte de nuit. Exténué, je suivais.

Quand, tard, nous rentrions, Christiane était enfin à moi. C'était une maîtresse extraordinaire. Les désœuvrées font merveilleusement l'amour. Elles ont le temps de penser à vous, de vous aimer ; comme une femme en vacances qui n'aurait ni enfants à chérir, ni courses à faire, ni maison à tenir. Elles s'occupent longtemps de votre désir, inventent mille idées différentes chaque soir, ne luttent jamais contre le sommeil.

Je m'endormais, tard dans la nuit, ses doigts continuant à effleurer ma peau. Elle me disait qu'elle caressait mes rêves.

Rien n'est plus merveilleux qu'une désœuvrée dans l'intimité ; à une condition toutefois, qu'elle en ait les moyens. Il lui faut absolument une fortune personnelle ou un mari riche. C'est un cauchemar que de passer sa vie à œuvrer pour faire le bonheur d'une désœuvrée.

Les professeurs de piano

« Quand il y a une vieille fille dans une maison, les chiens de garde sont inutiles. »

Honoré de Balzac.

J'ai eu un professeur de piano.

Les amies de ma mère en avaient pour leurs enfants. Il m'en fallait donc un. Question de standing. Et puis on ne sait jamais. Mes échecs scolaires seraient peut-être compensés par mes dons musicaux. Ma mère en faisait en tout cas l'excuse suprême vis-à-vis de mon père, que seuls les succès financiers passionnaient et qui était perdu devant tout ce qui touchait, de près ou de loin, à l'art et à la création. Elle le traitait de rustre et lui de pimbêche. Ils avaient tous les deux raison.

J'avais treize ans, âge où les garçons préfèrent leur sexe à tous les autres jeux.

Mlle Delage arrivait toujours en avance. Elle enlevait son chapeau gris, son manteau qu'elle déboutonnait avec des gestes saccadés, et s'asseyait près de moi. Elle était jeune et, bien que déjà creuse et sèche, n'était pas encore rongée par sa vertu. Elle avait, paraît-il, vécu une enfance difficile, ainsi que me l'avait appris un autre de ses élèves. Un oncle l'avait recueillie après un divorce bruyant et pénible et avait abusé d'elle. Le sens du mot m'échappait mais je sentais que c'était assez ignoble.

Mlle Delage m'apparaissait ravissante. A treize ans et encore vierge, on est peu exigeant. Ma seule autre passion avait été suscitée par une femme de ménage plus ronde que le buffet de la salle à manger.

La légende veut que les professeurs de piano dépucellent leurs jeunes élèves. J'étais puceau et prêt, ne pensant plus qu'à ça. Nous passions nos récréations à en parler et je désespérais d'être le seul niais de la classe. Un ami m'avait raconté son expérience, probablement inventée de toutes pièces, et j'en rêvais. Je ne savais pas trop ce qu'il convenait de faire, mais je la voulais.

Un après-midi de septembre, je m'approchai du piano de ma démarche la plus sexy. J'étais en short.

Elle m'attendait, assise très droite, laissant courir ses doigts sur les touches, les caressant avec l'amour qu'elle allait me donner. J'étais déjà tout dièse.

Elle me regarda avec mépris, pas du tout pâmée devant mes jambes. Ça ne commençait pas très bien mais j'avais un moral solide.

« Ce n'est pas une leçon de tennis mais de piano, dit-elle. Je plains votre mère. Vous êtes habillé comme un campeur... »

Elle ponctuait toutes ses phrases d'un « je plains votre mère », ce qui m'énervait prodigieusement, ma mère se moquant bien de ce que je pouvais faire de ma puberté.

J'avais répété cent fois mes manœuvres d'approche et ne me démontai pas malgré ce ton glacé. Je suivis donc mon plan et lui demandai de prendre ma main pour mieux sentir comment il fallait effleurer les touches. Puis j'inversai. Cette pression n'était pas désagréable. Je voulus ensuite bien comprendre comment enfoncer les pédales et, pour cela, sentir sa jambe.

« J'ai toujours l'impression d'appuyer trop fort. Ça résonne et mes notes se détachent mal. Je n'y arrive jamais. »

Je sais, ce n'était pas très malin, mais je n'avais que treize ans.

Elle me montra. Je sentais ses muscles ponctuer la mélodie. Ma main remonta. Je fermai les yeux et oubliai presque de respirer. Mes doigts touchaient ses cuisses ; elles étaient fermes et chaudes. Mon sang battait dans tout mon corps. J'en avais rêvé. Je le vivais enfin. Je l'aimais tant que je décidai de l'épouser.

Son coup de coude me plia en deux.

Les professeurs de piano n'ont décidément pas le sens de la mesure. Là où toute femme m'aurait gentiment grondé, aurait doucement déplacé ma main, flattée par cet assaut juvénile et maladroit, l'imbécile faillit me tuer.

Je bloquai les coups tant bien que mal, protégeant ma figure et mon ventre sans parvenir à les soustraire à ses poings furieux.

« Je ne l'ai pas fait exprès ! » hurlais-je.

Un chapelet d'injures me répondit :

« Petit cochon, sale mâle (en d'autres temps, j'eusse trouvé la rime jolie), sale bête en rut ! Tu crois que tout t'est permis... Tu mériterais que je t'arrache ton ignoble petit vermicelle. (Là, j'eus de réels frissons. En outre, l'adjectif *petit* me vexa) ; tu n'es qu'une immonde saleté... »

Mon père, affolé par ces cris, entra dans le salon et se précipita vers nous.

« Mais, que se passe-t-il, bon sang ? »

Elle se redressa, lentement. Ses cheveux étaient ébouriffés, son visage cramoisi.

« Il m'a violée, dit cette nouvelle version de la statue du Commandeur.

— Violée ?

— Parfaitement. Je ne resterai pas un instant de plus dans ce lieu où les enfants sont d'infâmes débauchés, sans doute comme leur père. Je pars. Vous entendrez parler de moi. »

Elle ramassa chapeau et partitions et claqua la porte derrière elle sous le regard ébahi de mon père.

Il vint vers moi. Je ne vis pas la gifle arriver mais l'entendis et la sentis. Elle résonna sur ma joue.

« Imbécile.

— Mais, papa, je te jure que je ne l'ai pas violée.

— Je le sais, mais ça t'apprendra à attaquer des filles aussi moches. En plus, vierge, folle et moustachue. Tu es trop con. »

Il partit, heureusement, en haussant les

épaules, me laissant rouge de colère, de honte et de dépit.

C'est de ce jour que date mon aversion pour les femmes trop vertueuses et trop moustachues.

Il y a le baiser qui tue et le baiser qui pique. Vivent ceux qui tuent. Il faut fuir la lèvre oxygénée qui rend le poil blond et qui vous chatouille le nez ; abandonner les femmes à poils (ne pas confondre), préférer l'imberbe à l'ombrée, sachant que rien n'est pire que de se réveiller à côté d'un officier de cavalerie.

On rencontre ce type de femmes partout.

Elles se hissent, s'immiscent dans tous les milieux. On n'ose pas les rejeter, car elles ont toutes une belle histoire qu'on se raconte l'un l'autre et qui les fait s'incruster et briller de leurs poils bien lustrés. Elles étaient victimes et deviennent bourreaux ; fières et la moustache impitoyable.

Un matin, vous arriverez comme d'habitude à votre bureau, un peu endormi et sans grande énergie. Là viendra le premier choc. La petite blonde qui vous accueillait chaque matin de son sourire n'est plus là. Une grande bringue moustachue vous a salué. Complètement réveillé, vous la regarderez une deuxième fois et, stupéfait, vous vous mettrez à claquer les talons, tant elle ressemble à votre ancien adjudant.

Si, comme moi, vous devez traverser un long couloir dans lequel travaillent les secrétaires de l'étage, vous serez tout à coup confronté à une armée de militaires. Derrière les lunettes rondes, les chignons tirés, des visages secs et glacés vous accueilleront avec ce rictus sardonique qui crie : « On t'a eu ! »

Vous vous précipiterez dans le bureau de votre hiérarchie la plus proche.

« Mais que se passe-t-il ? On tourne un film d'horreur ?

— Mais non, c'est le nouveau chef du personnel. Mlle Robichon. Elle a promis de doubler le rendement. »

Ne vous rendez pas !

Dites simplement : « Ah ! » Les Robichon ont, outre leur moustache, de grandes oreilles. Devenir leur ennemi peut gâcher votre vie ou, ce qui est pire, vous transformer en employé modèle. Imaginez : ne plus dormir au bureau ; ne plus faire exploser vos notes de frais ; arriver avant les autres. L'horreur !

C'est vrai que vous ne serez plus distrait. Mais, doté d'une assistante de ce troisième type, vous comprendrez combien est fausse la théorie selon laquelle les jolies secrétaires nous empêchent de travailler. Vous n'aurez plus qu'une envie, fuir votre bureau. Vous retrouver en tête à tête avec cette chose vous terrifiera. Chaque fois qu'une femme vous téléphonera, elle vous passera la communication avec un regard lourd de reproches. Elle oubliera de réserver les restaurants de vos déjeuners amoureux ; elle épiera vos faits et gestes, ne notera que les messages officiels et s'en prendra même à votre femme parce qu'elle est femme.

« Ce sera elle ou moi », direz-vous un jour.

Ce sera vous.

Personne ne vous aura prévenu qu'elle était la nièce du président du groupe. Les rapports qu'elle aura remis sur vous seront, paraît-il, édifiants. On se demandera longtemps pourquoi vous aviez été engagé.

Comment devient-on professeur de piano ?

On naît ainsi. Ça se lit sur leur visage dès leur enfance... La petite chafouine qui reste dans son coin, qui refuse de prêter ses jouets, qui est toujours première à l'école, qui cafarde les bêtises des autres, est une candidate idéale.

A dix-huit ans, elle sera devenue un vrai professeur de piano. Peut-être allumera-t-elle quelques garçons, mais ce ne sera que par méchanceté. Pour jouir du plaisir de leur dire non et de les renvoyer chez eux avec leur truc sale et dégoûtant. « C'est bien fait pour eux », pensera-t-elle en se frottant le dos au gant de crin.

Si vous en rencontrez une et qu'elle vous propose un petit jeu de société, un conseil : ne vous déshabillez pas. Elle est sûrement cannibale.

Mon fils s'est mis au piano. Il a quatorze ans et subit une leçon par semaine. Il vient un week-end sur deux et mademoiselle Yvonne le retrouve chez moi pour le cours du samedi. J'ai acheté un Yamaha sans queue.

« Droit, rectifie-t-elle sans rougir. Les queues aujourd'hui, compte tenu de la technique, ne servent plus à rien. »

J'ai failli sourire ; c'eût été idiot. Yvonne ne fait que me donner un avis professionnel.

Mon appartement étant petit, je subis les gammes, en compagnie de son chien qui se couche à mes pieds. Elle a un petit caniche blanc qui déteste sûrement la musique et qu'elle terrorise. Il tremble pendant toute la leçon. Il est bien chez moi. Je le gave de sucres dès qu'elle a le dos tourné.

Yvonne a une petite moustache qui se voit à peine. Elle n'est pas laide ; blonde avec des yeux absents ; un peu sèche, les cheveux très courts.

Samedi dernier, mon fils avait la rougeole et je n'ai pas pu la prévenir à temps. Elle est arrivée comme à l'accoutumée avec mon copain le caniche. Je lui ai expliqué la situation, offert un verre. Elle s'est assise très droite, dans une attitude sévère. Je lui ai cependant trouvé du charme.

« Vous savez, j'ai joué du piano.

— Longtemps ?

— Dix ans. Je connaissais plein d'airs. Surtout des mélodies américaines ; style " Tea for Two ".

— Vous ne jouez plus ?

— Si, de temps en temps.

— Jouez-moi quelque chose. »

J'ai hésité mais, comme elle s'est levée, je l'ai imitée.

Elle a relevé le couvercle et nous nous sommes assis l'un contre l'autre. J'ai essayé un accord. Le chien est parti au fond du couloir. Je l'ai regardée. Elle me souriait ; elle semblait aux anges.

J'ai plaqué d'autres accords. Je sentais sa cuisse chaude contre la mienne. J'ai pris sa main et je l'ai posée sur mon genou.

« Aidez-moi à mieux utiliser les pédales. »

Enhardi, j'ai aventuré ma main sur sa cuisse ; sans la regarder. J'ai fait glisser mes doigts plus haut ; lentement, doucement, serrant juste ce qu'il fallait...

Elle s'est levée d'un bond.

« Salaud, a-t-elle crié, sale cochon ! »

Elle s'est précipitée sur son manteau en hurlant, a ramassé son sac et ses partitions.

Mon fils était sorti de la chambre et nous regardait.

« Ton père est un immonde personnage, a-t-elle sifflé rageusement. Je te plains. »

Puis elle est sortie en claquant la porte.

« Elle est bizarre », ai-je dit bêtement.

Mon fils m'a souri.

« Tu es fou, ou alors tu ne l'as pas bien regardée. Elle est moche et en plus moustachue. Tu charries. »

J'ai éclaté de rire et nous nous sommes servi deux Coca.

« Tu devrais être couché, lui ai-je dit.

— Mais non, je vais beaucoup mieux. A mon avis, elle ne reviendra pas.

— J'en ai peur.

— Alors buvons », a-t-il dit en riant.

Le caniche est venu s'asseoir entre nous. Lui aussi avait l'air soulagé.

Les femmes de présidents

« La femme ne sent son pouvoir qu'autant qu'elle en abuse. »

Nicolas RESTIF.

Préservez-vous des femmes de présidents. Ce sont les Canada Dry des affaires. Elles ont le goût des patrons, elles ressemblent à des patrons, mais ce ne sont pas des patrons. Elles n'existent que par personne interposée. Un jour patronnes et elles plastronnent ; le lendemain chômeuses et elles se cachent.

Imaginez une petite jeune femme née dans une banlieue de Dax. Jolie, bien élevée, pleine de principes. Le jeune homme de sa vie a fait de belles études et puis est entré dans la carrière de l'Etat. Jusque-là, tout va bien. Les sous-préfets ont souvent des femmes insignifiantes et cette insignifiance ne porte pas à conséquence. Mal habillée, maquillée en dépit du bon sens, coiffée façon maison, notre future présidente est parfaitement dans le ton. Parler couches, vacances au Club, raconter le prix des légumes et rire de la suffisance des femmes de préfets amuse leur petit cercle en devenir. On peut plaindre en chœur les maigres salaires et les notes de frais exiguës autour d'un thé, dans l'appartement de fonction un peu défraîchi par la nuée de sous-préfets qui se sont succédé dans la région. Trop d'occupants ont jauni les tapisseries et fatigué les canapés mais qu'importe ; les sous-préfets ne font que passer.

L'énarque progresse. Il est nommé à Bordeaux, puis à Paris. Il a quarante ans et elle aussi. Il est donc beaucoup plus jeune qu'elle mais, comme les sourires se font plus fréquents et plus obséquieux sur son passage, elle supporte son âge. Elle va de réceptions en soirées, écoute les plans de carrière de son époux, l'oriente vers les bons ministères, supporte ses angoisses et, si elle ne peut comprendre le rationnel, guide l'émotionnel du conquérant.

Un jour, il sera chef de cabinet et, au lieu de courir les réceptions, recevra. Les gens importants reçoivent. Les moins importants aussi, mais leurs invités sont moins nombreux et moins intéressants. Trouver une place de parking est le sort des petits. Les grands restent chez eux ou bien ont un chauffeur.

Ensuite, à force de rendre des services, le chef de cabinet sera happé par les affaires. Le ministre y consentira et le fera propulser P-DG d'une semi-nationalisée. En France, il n'y a plus d'entreprises privées ni franchement nationalisées. Toutes sont inféodées à l'Etat. Les publiques rêvent de lui échapper, mais n'en ont ni la compétence ni les moyens, les privées ne pensent qu'à s'en rapprocher pour arrondir leurs fins de bilans.

Notre chef de cabinet est aujourd'hui banquier. Il a cinquante ans, sa femme aussi, et il dirige, ou plutôt se laisse diriger par la grande banque qui lui a été confiée.

Il a un costume gris sévère, une cravate unie et des chaussures noires, à lacets. Les mocassins ne sont plus que des souvenirs de week-end. Il ne fait pas de fautes de goût, ce qui est assez facile pour un homme. En outre, il fume en cachette car, à ce niveau-là, cela ne se fait plus. Il a également renoncé à courtiser sa secrétaire, ce qui est mal vu dans les hautes sphères : si on ne se vante pas de sa liaison avec un assistant de sous-préfet, on affichera celle avec un président de banque comme une véritable décoration.

Amélie a cinquante ans et elle est devenue, par la force des choses, femme de président. De la chambre d'étudiante à Dax au huit-pièces avenue Victor-Hugo, même s'il s'agit encore de location, elle a su avaler les couleuvres, les plats froids, les longues files d'attente qui mènent aux ministres et les mauvaises humeurs d'un mari qui perpétuellement ronge son frein.

Il ne lui fait plus l'amour depuis longtemps parce qu'il sait qu'elle est de Dax et qu'elle a son âge. Il ne peut la quitter parce qu'il veut être ministre. Amélie s'en moque puisque le monde lui appartient.

Etre femme de président est grisant. Il suffit d'un mot pour tuer ou pour promouvoir. On peut comploter des heures avec son voisin de table pour l'aider à grimper dans la hiérarchie de la banque ; être courtisée par un Rastignac en mal de promotion ; pénétrer les plus grands secrets de l'institution et même, à force de promesses, connaître le nom de la maîtresse de son mari. En fait, devenir l'éminence grise, voire la présidente de la banque.

Amélie avait appris à paraître et ses cinquante ans s'oubliaient vite. Coiffeurs, maquilleurs et couturiers en avaient fait une femme agréable, sinon jolie, et quelques bons conseils l'avaient rendue suffisamment charmante pour séduire.

Elle avait suivi un cours accéléré sur les bonnes manières qui font les bonnes présidentes, grâce au directeur de la communication de son mari. Elle lui avait promis le maintien de son statut, mais elle ne put tenir sa promesse. Le nouveau banquier avait justement décidé de confier ce poste à une maîtresse, qui avait en outre l'avantage de faire partie du même groupe politique que lui. Amélie se conduisit parfaitement dans cette épreuve, laissant totalement tomber son ancien ami. D'ailleurs, il lui avait tout appris et elle lui en voulait un peu.

Elle ne quittait plus ses invités en leur disant « Au plaisir ». Elle évitait de couper sa salade avec un couteau et posait son pain à gauche de son assiette.

Mais voilà, Amélie s'ennuyait.

Que peut faire une femme de président de banque, entourée de domestiques offerts avec la fonction, à l'âge où ses enfants vivent leur vie ? Prendre des amants ? Elle n'était plus tout à fait assez jeune pour choisir ceux qu'elle souhaitait et n'avait pas les moyens d'influencer ceux dont elle rêvait. Elle résolut donc de prendre le pouvoir.

La banque avait besoin de se doter d'une fondation et la fondation d'une directrice. Son mari, trop occupé par sa vie publique et privée, fut ravi de se débarrasser d'Amélie et accepta l'idée ainsi que les budgets impressionnants prévus pour le fonctionnement de cette fondation.

Un beau matin, il convoqua ses directeurs les plus proches dans son bureau tout neuf et ceux-ci virent débarquer la Dacquoise, menton volontaire et regard hautain. Ils faillirent se mettre au garde-à-vous et comprirent très vite que le pire était arrivé.

Le président expliqua et Amélie développa, débitant — avec l'aplomb que lui conférait son titre d'épouse — des idioties phénoménales, sous le regard bienveillant du patron. Le directeur se permit une remarque sur l'ampleur du budget et fut foudroyé du regard.

« Nous aurons un immeuble proche de l'Etoile. J'en ai d'ailleurs trouvé un avenue Foch. Il faut du prestige, de la classe. Nous ne sommes pas un guichet de province », ajouta-t-elle avec son accent du Sud-Ouest.

La responsable de la communication, maîtresse du président, ouvrit la bouche et la referma bien vite, croisant le regard étincelant d'Amélie. Les petites amies font toujours un complexe d'infériorité devant les épouses légitimes.

Ce qui causerait plus tard la perte du futur grand homme fut décidé ce jour-là. Les ordres crépitèrent et chacun se vit confier une mission pour permettre à la fondation de naître.

Je rencontrai la présidente dans ses nouveaux bureaux. Mon patron m'avait envoyé pour l'aider à créer ses dossiers de presse. La banque nous subventionnait, paraît-il ; je devais être l'ascenseur qu'on renvoie. J'arrivai donc, persuadé que, si ma personne constituait la contrepartie, les crédits que nous allouait la banque devaient être bien maigres.

Je passai entre plusieurs mains. Une hôtesse ravissante, une assistante et enfin la présidente, que je découvris au fond d'une grande pièce, derrière un très petit bureau Louis XVI qui disparaissait sous les dorures. Le bureau était en boiseries et la moquette avait l'épaisseur des sables mouvants de nos cauchemars.

« Venez, venez. Approchez. Vous êtes mes journalistes. »

Je cherchai autour de moi mais j'étais l'unique visiteur.

« Ah ! vous êtes seul, dit-elle. Tant pis. Ou plutôt tant mieux. On gagnera du temps. Vous vous répéterez plus facilement à vous-même ce que je vous dirai. Pas de déperdition. Donc asseyez-vous. Robert m'a dit que vous étiez exceptionnel... »

Je sursautai. Si elle parlait du grand Robert, je ne l'avais jamais rencontré. Je sentis soudain tout le poids du groupe de Robert peser sur mes épaules et je me jurai de téléphoner, le plus vite possible, à tous les autres grands patrons de la presse française pour trouver un nouvel emploi.

« Combien gagnez-vous ? »

Je le lui dis, arrondissant pour valoriser mon rôle d'ascenseur. Je pensais ainsi rendre service au journal.

« Je double, dit-elle.

— Mais je ne peux pas quitter...

— Je ne vous demande pas de quitter, m'interrompit-elle. Vous aurez trois salaires. Un chez vous et deux chez moi. D'accord ?

— D'accord.

— Votre job est simple, dit-elle. Me suivre, préparer les communiqués de presse, écrire les articles. La maîtresse de mon mari s'occupera de les faire paraître. A terme, vous écrirez un livre sur la fondation — en fait, sur moi. »

J'acquiesçai, emporté par ce torrent de paroles et d'argent. Je la trouvais sublime dans son rôle de patronne qui sait qu'elle ne l'est pas. Elle avait un mélange d'autorité naïve et de charme. Une enfant déguisée en capitaine de gendarmerie. Elle avait aussi de merveilleux yeux verts.

La fondation fut montée en quelques semaines. Elle trouva un président au nom ronflant et dont l'âge avait depuis longtemps fait taire tout scrupule. Elle engagea son staff *manu militari,* privilégiant les femmes qui l'avaient snobée à son arrivée à Paris. Elle les brima avec délice. Il émanait d'elle un charisme que reconnaissaient même ceux qu'elle maltraitait. Elle avait cette volonté farouche de gagner qui fait les grands leaders.

Nos bonnes œuvres étaient hétéroclites. L'art africain pour faire plaisir à une amie gabonaise, la voile parce que Olivier de Kersauzon l'avait charmée, le nettoyage des côtes pour aider les mouettes et mille autres grandes causes qui n'intéressaient franchement ni elle ni personne.

Elle avait choisi pour nous aider l'agence de publicité qui s'occupait des campagnes pour la banque de son mari et, toutes les semaines, en convoquait le président, en compagnie de son époux, pour évoquer les problèmes de la Fondation. Elle mélangeait tout, les publicités pour son compte et celles pour la banque, qu'elle assassinait régulièrement. Il faut dire que certains slogans répétés avec l'accent de Dax passaient difficilement la rampe.

« “ Vos affaires sont mes affaires ”, clamait-elle. Chéri, comment as-tu pu accepter cela ? Quelle idée idiote ! Et pourquoi pas : “ Je vais vous faire votre affaire ” ? »

Le patron de l'agence de publicité désavouait bien vite ses collaborateurs et jurait que tout allait changer. Il avait cru pendant des années pouvoir s'en remettre à eux, en se contentant de déjeuner avec le président.

Nos grandes causes demandaient de plus en plus d'argent. Il fallait parfois payer en liquide et pousser le directeur financier de la banque à se lancer dans des opérations obscures qui le terrorisaient. Il avait essayé d'alerter son président, mais celui-ci n'avait pas réagi.

« Débrouillez-vous, mon vieux. Faites-le intelligemment », avait été sa seule réponse.

Je suivais la présidente partout, prenant des notes sur tout et rien, écrivant des papiers qu'elle corrigeait violemment et qui, ensuite, étaient envoyés aux journalistes de la presse mondiale, sans obtenir d'ailleurs un grand succès. Ni les mouettes ni les phoques ne furent sauvés grâce à nous ; pas plus que les Africains. L'argent distribué allait sans doute droit dans des poches privées. Elle continuait inlassablement à créer, à lancer, à aider. Elle était devenue le tronc d'église des causes perdues. Je l'admirais parce qu'elle y croyait.

Il suffit d'un article. Une demi-page dans *Le Canard enchaîné*. « La fondation qui fait fondre les fonds. » *Le Canard* dut doubler son tirage tant il y eut de copies achetées par l'interne, l'externe et par les ministères.

Même moi, qui ne savais rien, je me mis à douter.

La rumeur s'amplifia, gagna les rédactions et tua la fondation. Quelques semaines plus tard, la banque changea de président. Le coup de grâce fut, paraît-il, porté par sa maîtresse, qui révéla quelques histoires, inventées de toutes pièces, mais mortelles.

Amélie me donna rendez-vous un après-midi chez moi. Elle voulait écrire un livre vengeur et souhaitait mon aide. Elle était désemparée. Elle se savait responsable de tout mais ne pouvait l'admettre.

Elle voulut rester dîner. Son mari se terrait

dans une maison amie, en province, elle était seule avec ses regrets et ses remords. Elle cherchait à comprendre ; l'orgueil, la vanité, la jalousie, l'ambition. Il y avait un peu de tout cela.

« Les petits ont la rage de grandir, me dit-elle ; je ne supportais pas que mon mari grandisse sans moi. Il y a vingt ans, c'était moi qui l'aidais. Je ne pouvais pas accepter de ne plus exister. Les femmes des hommes qui gagnent devraient rester des femmes, mais c'est impossible. Son succès m'est monté à la tête. »

Tard dans la nuit, elle voulut rentrer chez elle, mais je la sentais trop triste, trop perdue. Je la guidai vers le lit. Nous étions nus, côte à côte. Elle avait vingt ans de plus que moi. Elle se rapprocha et je sentis sa chaleur. Son parfum de femme perdue. Elle posa sa tête contre mon épaule. Ses larmes coulaient doucement. Je la pris dans mes bras et la caressai ; ses cheveux, son visage, son cou, son corps.

Elle sentit mon désir.

« Pourquoi maintenant ? murmura-t-elle doucement.

— Parce que tu n'es plus présidente. »

Les intellectuelles

« Aimer les femmes intelligentes
est un plaisir de pédéraste. »

Charles BAUDELAIRE.

On les imagine grandes, sèches, avec des pieds immenses et des lunettes cerclées de fer. On les voit dans des vêtements informes et crasseux, des chaussures plates.

Catherine était très agréable à regarder. Agrégée de lettres, elle était directrice littéraire dans une petite maison d'édition et partageait son temps entre les réunions d'un club qui regroupait plusieurs intelligences du parti socialiste, un enfant qu'elle avait voulu sans père et des auteurs dont elle s'occupait.

Mon projet de livre ayant plu, Catherine avait pour mission de m'aider à en faire un succès. Je vis entrer dans le bureau de mon éditeur une assez jolie fille, d'autant plus jolie que je m'attendais au pire.

Elle était grande, portait des lunettes cerclées de fer, mais la comparaison avec ce que j'avais imaginé s'arrêtait là. Elle avait des yeux noirs, des cheveux très bruns qui lui tombaient sur les épaules. Elle portait un jean qui lui allait bien et une chemise qui laissait deviner une jolie poitrine. Par contre, ni bijoux, à part un bracelet tressé, ni maquillage, hormis quelques traits aux coins des yeux.

Jolie mais pas futile !

Nous prîmes rendez-vous pour le lendemain. Je proposai chez moi ; elle préféra son bureau. Avec un léger mouvement d'épaules qui me vexa. Non parce que je l'avais invitée chez moi, mais parce qu'elle avait pris cela pour une insulte à son intelligence.

Ce fut un délice de parler de mon roman. Elle comprenait les personnages et les situations avec une vivacité stupéfiante. Pour un peu, je lui aurais confié mon livre à écrire.

« Je ne peux pas écrire. J'ai trop d'auteurs et d'ouvrages dans la tête. Je ferais un livre schizophrène. »

J'ai toujours tendance à traiter les jolies femmes comme des femmes et, plusieurs fois, je ne pus m'empêcher de le lui faire comprendre. A la fin de notre réunion, elle ôta ses lunettes et me dit en souriant :

« Ecoutez, nous allons travailler longtemps ensemble. J'aime votre roman. Si vous passez votre temps à me regarder au lieu de m'écouter, nous ne progresserons pas. Ce serait dommage et une perte de temps pour tous les deux.

— D'accord. Dînons au moins de temps en temps ensemble.

— Si vous y tenez. »

C'était plutôt froid.

« Quand ? » insistai-je.

Elle me regarda longuement. Je décelai une lueur amusée dans ses yeux.

« Venez ce soir chez moi, dit-elle soudain. Apportez du vin. »

Je la regardai, étonné. Elle allait tout à coup très vite.

Je la retrouvai le soir à l'heure dite, chez elle. Son appartement était agréable. Une bibliothèque doublée d'un magasin de jouets. Il y avait des livres sur tous les murs et une collection de peluches, de trains, de camions et de soldats sur le sol. Elle me présenta son fils, son appartement et je me sentis bien avec les deux.

« Vous avez chacun vos jouets, dis-je en regardant autour de moi.

— Exact. Il lit pendant que je joue », répondit-elle en riant.

Elle apporta le dîner ou ce qui y ressemblait. Les intellectuelles ont peu d'intérêt pour les nourritures terrestres. J'appris que manger est une corvée dont il faut vite se débarrasser. Les pizzas congelées gagnent à être décongelées. J'avais l'impression de manger le plat principal et la glace en même temps. Son fils, habitué, engloutissait nos parts avec entrain.

Plus tard, beaucoup plus tard, on coucha l'enfant et nous reprîmes possession de l'appartement. Il faut avoir des enfants pour savourer le calme de leur départ. Catherine s'étira et me regarda en souriant. Puis elle se leva et ferma la porte du salon à clef. Elle déboutonna sa chemise, défit son jean...

« Vous ne vous déshabillez pas ?

— Mais si », dis-je un peu surpris.

Elle finit de se dévêtir et s'allongea sur le divan. Elle prit une cigarette et l'alluma.

« Vous êtes timide ? »

Je la rejoignis, nu et gêné. Les hommes nus sont toujours gênés. Elle était allongée et semblait attendre. Je l'embrassai. Elle répondit mollement à mon étreinte. Il me semblait percevoir un sourire sur ses lèvres.

« Dépêchons-nous, dit-elle. Mon fils peut se réveiller. »

Je n'avais aucune envie d'elle. Ou plutôt, je la désirais sans en avoir envie. Je savais qu'insister serait pire et ne ferait qu'augmenter le ridicule de la situation. J'ai besoin de séduire pour pouvoir aimer et mon corps réagissait mal à cette situation abrupte.

« On se rhabille ? demanda-t-elle froidement.

— Je suis désolé, dis-je.

— Et moi, vexée. Les auteurs sont d'habitude plus empressés.

— Ne devenez pas désagréable. »

Elle prit ma main et cette fois me sourit franchement.

« Je me suis moquée de vous. Je voulais vous donner une leçon. Buvons un verre et parlons. »

Elle passa dans la chambre et revint avec un peignoir pour chacun de nous.

« Pourquoi une leçon ?

— J'ai horreur des hommes qui ne voient les femmes que comme des machines à donner du plaisir. Ce n'est pas mon truc. C'est un écueil qu'il vous faudra d'ailleurs éviter dans votre roman. Il n'y a pas qu'un seul schéma entre un homme et une femme et vous devrez décrire d'autres types de relations. Dans un roman, il ne faut jamais être manichéen.

— Vous m'aiderez ? »

Elle acquiesça de la tête.

« C'était la première leçon ?

— Oui », dit-elle en riant.

Nous avions cassé la glace et instauré une complicité. Celle de l'amitié, de l'accord intellectuel, beaucoup plus riche que celle de l'acte physique. Je travaillais presque tous les soirs ; je préfère écrire la nuit quand tout est silencieux. J'imagine mon immeuble éteint avec ma seule lumière allumée ; j'ai l'impression de veiller sur les autres.

Parfois, elle passait me voir avec deux tranches de jambon, en revenant d'une réunion politique. Nous faisions la dînette. Elle était encore habitée par ses passions et me tenait des propos enflammés contre les inégalités, contre le racisme. Elle m'en voulait de ne pas prendre parti.

« Tu dois t'engager; c'est le devoir d'un auteur.

— Mais j'écris des histoires d'amour.

— Et alors ? Tes personnages peuvent avoir une vision, une maturité politique.

— Mais je me fous de la politique. Gauche, droite ; droite, gauche : on dirait un combat de boxe. Ils sont aussi creux les uns que les autres et imbuvables quand ils deviennent extrémistes. »

Elle m'expliquait ses théories pendant des heures, aboutissant toujours à la même conclusion :

« Il faut une révolution. C'est le seul accélérateur du progrès. »

D'autres soirs, elle m'emmenait dans des cafés-théâtres, écouter des poèmes ou voir des pièces engagées de jeunes auteurs révolutionnaires. Je ne comprenais pas tout, si ce n'est que le thème général tournait souvent autour de l'injustice.

Nous avions fait l'amour et le refaisions de temps à autre. Elle aimait brutalement, rapidement, se débarrassant au plus vite de ce besoin primaire. Elle jouissait sans désir ni tendresse. J'avais plusieurs fois essayé de la rendre plus sensuelle, mais sans succès. Il lui fallait analyser, disséquer et comprendre.

« Mais on ne peut pas rationaliser l'amour !

— Pourquoi ? répondait-elle. Je t'aime comme je veux t'aimer. Avec mon intelligence, ma vision de nous et de nos relations ; tu entres parfaitement dans mon schéma de l'amour. Nous nous comprenons ; nous savons exactement ce qu'il nous faut attendre l'un de l'autre. »

Cela voulait dire qu'elle m'aimait ; elle était heureuse et moi perdu. Je me glaçais petit à petit dans cette relation désincarnée, sans pouvoir lui échapper. Je la détestais quand elle arrivait et la sublimais quand elle repartait. Je croyais qu'elle me rendait chaque fois plus intelligent et nos longues conversations étaient devenues une drogue dont je ne parvenais plus à me passer.

Parfois, nous dînions avec ses amis. Je les trouvais drôles et passionnants, sauf quand ils parlaient politique. Ils étaient écrivains, musiciens, bohèmes ; conformistes dans leur anticonformisme. Leur humour grinçant m'amusait. J'avais souvent le sentiment d'être au spectacle.

Catherine m'avait présenté en une phrase :

« Il écrit des romans grand public. »

Ils ne m'en voulaient même pas. Au pire, l'un d'entre eux se moquait quelques minutes de moi. Ils ne me voyaient pas ; j'étais transparent. Leurs discours ne s'adressaient qu'à leur cercle et ça ne les dérangeait pas que je les entende. Parfois, je glissais une phrase. Ils s'arrêtaient de parler, me dévisageaient, ahuris, regardaient Catherine comme pour savoir quelle conduite tenir, puis me souriaient poliment et reprenaient leur conversation.

« Ils t'aiment bien, me disait-elle, mais ils ne te connaissent pas assez. C'est tout. »

J'étais persuadé qu'ils se demandaient : « Qui est ce crétin qu'elle nous a ramené ?... »

Pourtant, je faisais des efforts. J'appris *l'Humanité* par cœur et me lançai à l'eau, donnant un point de vue autorisé sur un conflit chez Renault. Je téléphonai à des copains au *Nouvel Obs* pour me faire expliquer, avec leur éclairage, les différents événements qui secouaient le monde. Rien n'y fit. J'avais l'impression de dire des obscénités. Je lus toutes les critiques possibles sur les nouveaux écrivains. Ce fut un désastre.

« Le véritable intellectuel n'a pas de théorie puisque l'intelligence repousse sans cesse les limites de cette théorie pour finalement la contredire », m'affirmait Catherine.

Elle était un sable mouvant intellectuel dans lequel je m'enlisais. En revanche, elle m'aidait beaucoup à faire progresser mon livre.

Un soir enfin, elle traça le mot fin sur notre manuscrit. Moi aussi. Je fus comme délivré. J'étais vidé ; épuisé d'écrire, d'écouter, de subir des dialogues qui n'étaient pas les miens. Je ne voulais plus des jeans usés, du pull-over à même la peau, des longues écharpes qui traînent par terre. Ce n'était pas moi, plus moi. Ce ne serait jamais moi. J'allais enfin pouvoir me vautrer dans ma futilité.

Je téléphonai à quelques vieilles amies, celles qu'on peut appeler à n'importe quelle heure et qui reprennent la conversation là où vous l'aviez laissée six mois ou deux ans plus tôt. J'en emmenai une dîner. Quelle joie et quel repos ! Elle riait à mes plaisanteries les plus bêtes. J'avais remplacé Karl Marx par l'almanach Vermot. Que c'est bon de faire l'amour sans se poser de questions !

Le lendemain, je racontai tout à Catherine. J'étais comme un enfant heureux d'avoir cassé le mythe qui avait dirigé ma vie pendant quelques mois.

« Je comprends tout à fait, dit-elle, et je ne t'en veux pas. Il ne peut pas y avoir d'exclusivité en amour. Le progrès veut la multiplicité et la diversité des expériences... »

Finalement, je me demande si les intellectuelles n'ont pas toutes les intelligences, sauf celle de l'amour.

Les secrétaires

« Je conviendrais bien volontiers que les femmes nous sont supérieures si cela pouvait les dissuader de se prétendre nos égales. »

Sacha GUITRY.

N'ayons pas peur de crier haut et fort la vérité : il n'existe plus de secrétaires. C'est une race en voie de disparition et les grands ethnologues feraient bien de se pencher sur ce problème qui affecte gravement la faune féminine.

Il faut d'urgence créer un département à la SPF (Société protectrice des femmes) pour étudier le phénomène, persuader le patronat international et même le président de la République de mettre en place un comité. Il faut bien que l'un et l'autre s'occupent et, en outre, la cause est grave.

En fait, une nouvelle espèce est née, affectée bien sûr d'un nouveau coefficient : les assistantes.

Comme si nous avions besoin d'être assistés. Nous le sommes déjà suffisamment par nos actionnaires, nos patrons ou l'Etat ; maintenant, l'assistance vient nous chercher jusque dans notre dernier retranchement : le bureau.

Dans le temps, de gentilles filles, un peu

rondes, les joues rouges, tapaient nos courriers, ajoutant les quelques fautes d'orthographe qui rendaient les lettres plus sincères. Elles sont aujourd'hui remplacées par des machines à traitement de texte dirigées par des Martiennes soupçonneuses et dignes. Elles n'ajoutent pas de fautes ; au contraire, elles corrigent les nôtres. Quant aux machines, il est illusoire de vouloir les contrôler. Il faut subir une initiation longue et fastidieuse que nos assistantes, jalouses de leurs prérogatives, nous refusent farouchement.

Quant à mettre la main aux fesses de ces robots électroniques, n'y pensez pas. Les fusibles ne sauteront même pas. « Péter les plombs » n'a pas cours chez IBM.

La bonne assistante est sévère et digne. Son orgueil lui interdisant d'admettre qu'elle travaille pour un imbécile, elle se fait une si haute idée de vous qu'elle va peu à peu vous brouiller avec tout le monde. Gardienne de votre emploi du temps et de votre importance, elle commencera par écarter les opportuns.

Vos meilleures amies apprendront que vous ne pourrez les rencontrer que dans deux mois et votre patron devra accepter de prendre un rendez-vous très longtemps à l'avance, s'il veut vous voir. Sachant que vous ne faites pas grand-chose, il s'étonnera, s'imaginera que vous travaillez avec la concurrence et vous augmentera. Non parce qu'il aura peur de vous perdre, il en serait plutôt soulagé, mais, comme disait Sacha Guitry à propos des femmes, pour ne pas que la concurrence découvre combien vous êtes nul.

Avoir une assistante est d'abord une reconnaissance de statut. Il y a les cadres avec dactylos, les cadres avec secrétaires, et enfin les cadres avec assistantes. Ces derniers ont atteint ce qu'on appelle le sommet hiérarchique. Ils ne sont plus les esclaves d'un patron mais, étant patrons eux-mêmes, ils le sont de leurs actionnaires, ce qui est beaucoup plus agréable.

Les actionnaires sont nombreux, ce qui permet de ruser ; mal informés, puisqu'ils ne vivent pas dans l'entreprise ; ils sont souvent incompétents et, lorsqu'il s'agit de grandes institutions, ont des fonds presque illimités. Il est beaucoup plus amusant de perdre l'argent des autres que le sien.

Au début, l'assistante se comportera comme une deuxième épouse. Ensuite, comme la première et, dans certains cas, comme la seule. Son but sera de prendre possession de vous et de tout ce qui vous entoure. Elle organisera les réunions, les déjeuners, les dîners et le planning maîtresses ; vous rappellera les dates d'anniversaire de vos femmes et enfants ; choisira les cadeaux ; bientôt, vous habillera.

Méfiez-vous des rendez-vous qu'elle vous prend chez le médecin. Le confondant avec son ancien patron qui souffrait des genoux, l'assistante de mon ami Jacques l'envoya à l'Hôpital américain se faire enlever un ménisque, alors qu'il souffrait d'un problème d'estomac dû à ses trop nombreux déjeuners d'affaires. N'osant pas la contredire, Jacques revint trois semaines plus tard, en jurant que son estomac allait beaucoup mieux et que son boitillement n'était dû qu'à une crise de goutte passagère.

On ne contredit pas une assistante car, passant plus de temps avec vous que n'importe quelle autre femme, elle est le témoin permanent de vos faiblesses et pourrait les révéler aux autres. La seule façon de survivre est donc de la mettre dans votre camp, votre vie et votre avenir en dépendent. Dès que vous lirez la moindre réprobation dans ses yeux, le plus petit soupçon de mépris sur ses lèvres, payez : un sourire (ça ne marche que sur les toutes nouvelles), un cadeau, une augmentation.

J'ai eu une assistante dont je doublai le salaire en quelques semaines. Heureusement, on me l'avait attribuée pour un mois seulement, ce qui évita la faillite de notre journal ; du moins cette fois-là. Mais je vécus un mois d'angoisses.

Je devais travailler avec Innès pour la familiariser avec notre groupe. Elle irait ensuite rejoindre notre directeur général — faisant en quelque sorte un intérim de dégrossissage. J'étais le moins qualifié pour ce rôle mais nous étions en août et, comme tous les ans, mon statut de célibataire m'avait fait nommer permanent de service.

Le premier jour, j'arrivai à mon heure habituelle, c'est-à-dire bien après tout le monde, et crus m'être trompé de bureau. J'avais sans doute passé trop d'heures cette nuit-là à travailler ou à aimer. Je regardai, abasourdi, mes étagères rangées, mon bureau vide et ma machine à écrire luisante de propreté. J'étais perdu dans cette chambre d'hôpital : même le cendrier avait disparu. Je jetai mon mégot dans ma corbeille sans papier et attendis que le téléphone sonne. Il ne sonnait pas. Le filtre était en marche et devenait bouchon. Ayant totalement oublié l'arrivée d'Innès, je restai immobile dans mon bureau, attendant la résurrection de mon téléphone. A la fin, je me levai et partis faire mon enquête.

« Bonjour », dit-elle.

Je bredouillai un vague salut, me rappelant tout à coup la situation.

« Vous êtes là depuis longtemps ?

— J'étais là à l'heure », dit-elle dignement.

Je la regardai et la trouvai jolie malgré son air sévère. Elle était l'assistante type. Beaucoup de classe et d'assurance, un joli sourire et une voix d'assistante professionnelle, une tonalité assez grave, sans aspérités, avec un mélange de chaleur et de dignité.

Je la comparai mentalement à l'épouse du patron. Nous risquions un échange standard immédiat lorsqu'il rencontrerait Innès, dans un mois. Sa femme derrière une machine à écrire et mon assistante dans son lit.

Je priai aussitôt Dieu et ses saints qu'elle résiste à mes avances; car, lorsque mon patron apprendrait que j'avais connu sa future nouvelle épouse avant lui, il ne me le pardonnerait pas.

En attendant, je lui demandai un café

qu'elle apporta, avec un carnet de rendez-vous neuf et un bloc immaculé.

« Voyons votre emploi du temps », dit-elle.

Je sortis avec embarras mon vieux carnet usé de ma poche. Je savais qu'il était presque vide, à part quelques rendez-vous amoureux. J'avais heureusement programmé une interview d'un patron d'IBM pour le lendemain. Faute de mieux, je lui en parlai longuement.

« Où puis-je trouver un dossier sur cette société, me demanda-t-elle, afin de vous aider à préparer cette interview ? »

Je n'en savais rien et le lui dis. Je n'osai ajouter que je ne lisais jamais un dossier, me fiant à mes connaissances et à mon instinct. Elle dénicha tout ce qui existait sur IBM et son organisation et vint le déposer sur mon bureau qui fléchit sous le poids, peu habitué qu'il était à servir.

Elle était radieuse et moi effondré. Moins jolie, je l'aurais envoyée promener avec son roman feuilleton sur IBM, mais son sourire me désarmait. Pour la première fois de ma vie, je devins schizophrène. Mon cerveau voulait la féliciter alors que ma voix demandait :

« Que faites-vous ce soir ? »

Elle cligna les yeux. Je voyais ses cils se toucher derrière les lunettes, se coller puis s'ouvrir pour laisser filtrer un regard. Avais-je vraiment osé ou l'avais-je seulement remerciée ? Avais-je pensé tout haut ou parlé tout bête ? J'insistai. Ma voix me trahit. J'aurais voulu lui expliquer, m'excuser. Je répétai la même question.

« Vous draguez toujours vos assistantes ? »

Que répondre ? Je n'avais jamais eu d'assistante et je n'osais le lui avouer. J'avais soudain quinze ans et, puceau, je jouais au grand garçon avec cette femme qui me prenait au sérieux. Des fantasmes de faux patron m'assaillaient.

« C'est la première fois », ne mentis-je pas.

Elle rit et me fit mal. Le film dans ma tête était très avancé et je sentais déjà l'odeur de sa peau. Son rire de secrétaire professionnelle me glaça. On peut se battre contre un refus, pas contre un éclat de rire.

« Je vous laisse le dossier. Appelez-moi si vous avez besoin d'autre chose. »

Elle sortit ; sans se précipiter ni claquer la porte. J'allumai une cigarette, décidai d'arrêter de fumer si jamais elle me le demandait. Sa silhouette vue de dos restait imprimée sur ma rétine.

Je changeai mes horaires. J'arrivais tôt le matin, c'est-à-dire un peu après Innès et longtemps avant l'ancien moi. Un café brûlant m'attendait, avec ce que j'aime de lait et de sucre. Le croissant dégoulinant de beurre me narguait. Il ne manquait qu'un cendrier.

Elle entrait dans mon bureau avec un sourire : « Bonjour, monsieur le directeur », et s'asseyait, le bloc posé devant elle et le crayon en l'air. J'inventais des rendez-vous ; le Premier ministre, le deuxième et le troisième, une OPA sanglante, des grèves — alors que les usines étaient fermées. Je recevais autant de dossiers que j'avais de fausses rencontres. Je remplissais mon carnet de noms de code.

Jacqueline devenait la Société Générale et Myriam, Pechiney. J'avais un emploi du temps d'initié ; je me consolais en me disant qu'en cas d'enquête mon compte en banque serait mon meilleur alibi.

Innès avait le don de croiser les jambes sans rien dévoiler de son anatomie pourtant ravissante. J'avais tout essayé. Ramasser un stylo, glisser de mon fauteuil ; rien n'y faisait. Elle croisait et décroisait sur des cuisses invisibles. J'étais seulement épris d'un mouvement de jupe.

Au début, j'avais essayé de jouer le jeu ; je préparais une lettre et la dictais. Dès qu'elle partait, je me précipitais sur mon bloc pour écrire une autre missive. J'abandonnai bien vite. Elle tapait plus vite que je ne réfléchissais.

Elle me donna mon premier acticle en deux exemplaires. Ma version et la sienne.

« Je me suis permis de corriger certaines phrases, dit-elle de sa voix tranquille. J'ai aussi un peu raccourci certains passages comme vous l'auriez sans doute fait vous-même si vous en aviez eu le temps. Cela dit, faites comme bon vous semble ; je n'ai pas de vanité d'auteur. »

Moi si. Je choisis donc mon papier avec désespoir, sachant que le sien était parfait, digne de moi. Mais l'accepter eut été trahir tous les faux patrons qui tentent de résister à leurs assistantes ; et puis je ne voulais pas que mon rédacteur en chef s'habituât au génie.

Mes déjeuners devinrent un calvaire. Innès m'organisait des rendez-vous à 2 heures de l'après-midi et je devais expédier la rencontre même si la dame avait les plus belles jambes du monde. En outre, le regard de mon assistante me reprochait mes notes de frais. J'étais le collégien qui ne rend pas suffisamment de monnaie à sa mère.

Elle adorait aussi me prendre des rendez-vous à 6 heures. Je ne pouvais et ne devais aimer qu'en dehors des heures de bureau, ce qui limitait considérablement mon temps de chasse amoureuse. Elle ne supportait mes absences que pour raisons professionnelles et faisait l'impossible pour m'interdire toute dérogation.

Sa seule satisfaction était de me savoir célibataire. Innès m'avait expliqué qu'elle supportait difficilement les femmes de ses patrons. Remplir des papiers de Sécurité sociale, s'occuper des écoles des enfants, râler auprès des courtiers d'assurances et payer les gens de maison l'horripilait.

« La plupart des assistantes ne travaillent que pour la famille de leur patron. Ensuite, le soir, elles doivent faire pareil chez elles. Mon rêve a toujours été que mon mari prenne une véritable assistante. »

Le mari était directeur dans une société d'électronique. Ils étaient mariés depuis dix ans et se parlaient encore. Ils possédaient une maison, des amis, un abonnement au Club Méditerranée et un teckel. Ils étaient plus bourgeois et plus riches que moi. Ils étaient persuadés d'avoir un avenir.

Un jour, le mari partit en mission pour découvrir la miniaturisation nippone ; un voyage de huit jours. Le troisième soir, mon assistante accepta de m'aider à convaincre un grand patron japonais de me confier ses secrets. Le dîner fut un chef-d'œuvre de séduction et Innès se montra grandiose.

Elle le fit boire, lui raconta tout ce qu'elle avait appris sur la culture japonaise l'après-midi même dans notre service de documentation. Elle souriait sans cesse, le flattait. J'assistais, médusé, à cette entreprise de charme.

Après le dîner, elle proposa de l'emmener boire un verre. Je les quittai, admiratif et jaloux à la fois.

Le lendemain, elle savait tout. Ses yeux étaient brillants et un peu cernés ; ses vêtements étaient identiques à ceux de la veille, quoiqu'un peu plus froissés, mais son papier était digne d'une grande professionnelle. Elle savait tout et chaque ligne pouvait déclencher une guerre économique.

« Je l'ai fait pour vous, dit-elle en souriant. En plus, je me suis beaucoup amusée. C'était assez agréable. »

J'étais fou de jalousie, comme on ne peut l'être que d'une femme qu'on n'a pas eue.

« Le journalisme, ce n'est pas ça », dis-je d'une voix sévère.

Elle rit. De ce rire qui me glaçait. Je relus ses notes. Tout y était. Je me dis qu'il était temps qu'elle travaille pour le patron. Je préférais qu'elle prenne sa place plutôt que la mienne.

Les tueuses

« A cette petite bombe qui peut tuer cent mille hommes d'un coup. »

Jean-Paul Sartre.

Elle entra dans le studio comme un ouragan. Elle était en retard et toutes les têtes se tournèrent. Gisèle est toujours en retard. Ne supportant pas de perdre son temps, elle le fait exprès, sachant que les débuts de réunions sont toujours désordonnés et stériles.

Gisèle s'occupait à l'époque des relations publiques d'une chaîne de télé. Elle avait vingt-sept ans, elle était grande, habillée toujours très court pour montrer des jambes longues et ravissantes qu'elle croisait et décroisait nerveusement. Elle avait appris le truc quand elle travaillait au ministère de la Culture et avait rendu fous les jeunes attachés. Cela avait considérablement aidé sa fulgurante progression. Le ministre lui-même... Mais c'est une autre histoire.

Elle était suivie de son assistant, jeune homme fat et homosexuel qui passait son temps à sourire et à tendre sa main moite à tout le monde. Les tueuses sont souvent accompagnées par ce type d'homme. Ils sont corvéables à merci et en adoration devant leur débordement d'énergie et de puissance féminine.

Gisèle embrassa tout le monde. Elle tendait sa joue aux femmes et ses lèvres aux hommes, les laissant effleurer sa bouche sans leur permettre de s'y attarder. Tous gardaient un goût de « revenez-y » dans la tête et notaient mentalement de l'appeler pour déjeuner.

Elle s'approcha de la vedette de l'émission en écartant coiffeuse et maquilleuse. Elle le dévisagea. Tout le monde savait. Elle était debout et lui assis. Elle le défia du regard et il finit par céder. Il se leva et la serra dans ses bras.

Ensuite, elle prit le plateau en main, faisant refaire un maquillage, déplacer un décor, régler un éclairage.

L'émission finie, nous partîmes déjeuner. Christian, le chanteur, était un ami et il m'emmena. Nous étions cinq dans le bistrot italien que Gisèle avait choisi. Elle, son assistant, Christian, une chanteuse qui l'accompagnait et moi-même.

Dès le début du déjeuner, je sentis une tension entre la chanteuse et Gisèle. La fille était séduisante, sans complexe. Blonde avec des yeux vert foncé, un nez retroussé et un corps petit mais bien fait, que mettait en valeur une robe serrée et décolletée.

Elle n'avait d'yeux que pour Christian. Elle l'écoutait, béate, riait à ses plaisanteries les plus bêtes, posait sa main sur son bras, sa cuisse, complimentait son talent, ses choix de chansons, son jeu de scène... Les joues de Gisèle s'empourpraient.

L'orage éclata au moment du café. Gisèle avait demandé un cigare et l'alluma. Elle souffla la fumée vers la chanteuse, qui se mit à tousser. Christian voulut intervenir.

« Tu ne devrais pas fumer de cigares », dit-il gentiment.

Gisèle le toisa d'un regard froid et continua à envoyer sa fumée dans la figure de l'autre.

« Ça vous dérange ? lui demanda-t-elle avec un sourire ironique.

— Un peu.

— C'est vrai que vous préférez les joints ou les piquouses, n'est-ce pas ?

— Vous êtes folle ?

— Mais non. Nous sommes entre nous. Et puis, ce n'est pas grave, à condition d'utiliser des aiguilles propres.

— Ça vous va bien, dit la chanteuse hors d'elle. En tout cas, moi je ne risque pas d'attraper le Sida en couchant avec tout le monde comme vous. »

Les yeux de Gisèle se rétrécirent. Elle saisit la coupe de fruits rouges et de glaces diverses que j'avais eu le malheur de commander et en jeta le contenu sur la chanteuse. Gisèle avait bien visé et sa victime dégoulinait de partout. Je l'essuyai avec ma serviette en essayant de la calmer. Elle avait éclaté en sanglots.

Gisèle prit Christian par le bras et se leva.

« Viens, on s'en va. »

Ils quittèrent le restaurant, me laissant avec

l'assistant, la chanteuse défaite et l'addition. Je voulus raccompagner la malheureuse mais n'eus droit qu'à un « foutez-moi la paix » rageur.

Il me restait l'homosexuel, qui ne savait quoi faire. Les larmes aux yeux, il reniflait. Je lui tendis une serviette de papier que je pris sur la table voisine. Nous faisions vieux couple de pédés en train de se séparer.

« Elle ne changera jamais, dit-il. Il faut qu'elle tue. Mais à côté de ça, elle est tellement extraordinaire. »

Gisèle me téléphona le lendemain. Elle avait besoin d'un papier. Elle ne s'excusa pas, n'évoqua même pas notre déjeuner. Elle voulait une page sur son Roméo et vite. Elle raccrocha avec un « Je t'aime » asexué.

Le chanteur n'était qu'accessoire. Son succès permettait à Gisèle d'approcher de plus près le monde de l'audiovisuel et du show-biz. Je savais qu'il serait liquidé après usage. Amants ou tremplins de carrière, Gisèle se débarrasse des hommes sans aucune pitié.

Je la vis un soir draguer un éphèbe avec l'effronterie du pire don Juan. Nous dînions dans un restaurant à la mode. Gisèle ne cessa de courtiser le jouvenceau puis finit, bien avant le dessert, par nous annoncer qu'elle l'emmenait chez elle. Il nous regarda avec supériorité et la suivit. J'éclatai de rire, imité par les amis qui étaient restés à la table. Nous savions.

Quelques semaines plus tard, nous nous trouvâmes tous de nouveau réunis. J'avais emmené ce soir-là un cousin basque joueur de rugby. Gisèle n'eut d'yeux que pour lui et oublia totalement son chevalier servant. Le pauvre jeune homme regardait la scène de séduction qui se déroulait devant lui avec des yeux d'une tristesse infinie. Il essayait en vain d'exister, Gisèle ne le voyait plus. L'un de nous eut le mot de la fin. Au moment de l'addition, il ne lui réclama qu'une part.

« Pourquoi ? demanda le jeune homme naïvement.

— Devine », répondit l'ami.

Tout le monde éclata de rire. Nous ne lui avions pas pardonné son air de supériorité du dîner précédent. Mon cousin reparut le lendemain, tard dans la matinée. Il avait passé une nuit de demi de mêlée.

Gisèle avance dans la vie, froidement, en tuant. C'est une obsession. Dès qu'un obstacle se dresse devant elle, la machine à tuer se déclenche. Quant à ceux qui ont fini de servir, il faut s'en débarrasser pour éviter qu'ils n'encombrent. Elle assassine avec volupté.

« Je suis une femme, je n'ai ni parents puissants ni argent, me dit-elle. Je dois déblayer devant moi.

— Tu me fais peur.

— Ça ne me servirait à rien de te tuer. »

C'est vrai. Je suis l'un de ses rares amis. J'ai été un amant Kleenex mais j'ai gardé son amitié parce qu'elle a besoin d'un confident assez intelligent pour comprendre ses machinations ; elle ne peut attendre cela de ses assistants, qu'elle choisit bêtes et dévots. Elle me raconte ses meurtres, pas ses états d'âme : elle n'en a pas.

Quand elle rencontre quelqu'un d'important pour elle, elle s'ingénie à le ou la séduire. Ensuite, elle fait le vide autour de sa victime ; tuant secrétaire, chauffeur ou famille. Elle remplace les cadavres par des proches à sa solde et, quelques mois plus tard, tient l'autre à sa merci.

Gisèle prit un jour pour cible le rédacteur en chef d'un grand magazine. Elle devint sa maîtresse et, très vite, la maîtresse de sa vie. J'avais le souvenir d'un homme brillant, drôle, plein d'entrain. Je retrouvai un toutou à la dévotion de Gisèle. Coincé entre une femme jalouse et une maîtresse omniprésente, il cessa de diriger et commença à subir. Le magazine périclita et les actionnaires décidèrent de le remplacer. Ce fut un coup très dur pour lui. Il appela Gisèle, lui raconta ce qui lui arrivait et la perdit aussitôt. Il ne lui servait plus à rien.

Il entra plus tard dans une grande chaîne de télévision : directeur de l'information. Gisèle fut la première à le féliciter.

« Tu m'as manqué, lui dit-elle le plus sérieusement du monde.

— Où étais-tu ?

— J'ai fait une dépression », mentit-elle.

Il la plaignit, persuadé que c'était à cause de lui, puis promit de l'aider si elle avait besoin de l'antenne. Elle le remercia avec des larmes dans la voix. Le lendemain, elle lui demandait un service puis l'obligeait à licencier la secrétaire qui lui avait parlé d'un ton dédaigneux.

Un jour qu'elle était en concurrence avec une société de relations publiques pour prendre en charge la promotion d'un couturier, elle appela la secrétaire de sa concurrente et, se faisant passer pour le client, décommanda le rendez-vous. Le couturier ne voulut jamais croire l'autre société et confia ses relations publiques à Gisèle.

Elle est aussi la reine des rumeurs, sachant lancer sur ses ennemis des bruits horribles qui finissent par les discréditer. Il suffit de trouver la bonne histoire et les bons relais. Une confidence sur l'oreiller auprès de la personne adéquate peut faire des ravages. Elle a séduit ainsi le meilleur ami d'une vedette de cinéma qu'elle voulait attraper dans ses filets. Elle lui a raconté sous le sceau du secret que la femme de cette vedette avait une liaison cachée ; bien sûr, l'ami l'a répété et, quelques semaines plus tard, Gisèle devenait la maîtresse de la vedette convoitée, qu'elle aidait à consoler de son chagrin.

Ce soir, elle est venue dîner chez moi pour me raconter ses derniers plans de tueuse. Je la regarde repartir, dissimulé derrière le rideau de la fenêtre. Elle marche rapidement dans la rue, suivie de son assistant homosexuel qui sautille derrière elle et de son chien qui s'arrête à chaque pan de mur. Elle ne m'amuse plus vraiment mais je n'ose pas le lui dire. Elle me fait peur. Elle serait capable de me tuer et je ne pourrais même plus finir ce chapitre.

Les filles beaucoup trop jeunes

« Une femme, quand elle est jeune, est plus sensible au plaisir d'inspirer des passions, qu'à celui d'en prendre. »

Claude CRÉBILLON.

Il est arrivé à tout homme de rencontrer une femme beaucoup plus jeune que lui. D'être séduit par sa fraîcheur, sa spontanéité, par une certaine inexpérience et de tomber fou amoureux. Ainsi commence la visite aux Enfers.

J'avais quarante ans ; elle en avait vingt. Nous nous étions rencontrés en Corse, chez des amis, pendant les dernières vacances. Je passais quelques jours à oublier Paris, un travail qui ne me plaisait qu'à moitié et une épouse qui ne me supportait plus.

Marianne était avec un charmant avocat à peine plus âgé qu'elle et nous profitions tous ensemble du beau temps et des amis qui nous avaient invités. Nous savourions bateau, soleil, criques sauvages où personne ne venait nous déranger et, à part quelques moustiques têtus et pointus, nous ne pouvions rêver de plus agréables vacances.

Il ne se passa rien entre elle et moi pendant ces trois jours. Il se passa tout. Nos regards se cherchaient, se mélangeaient, s'attiraient. J'aimais sa voix, ses rires ; je désirais son corps, sa peau qui n'avait pas encore souffert, la jeunesse qu'elle ressuscitait en moi.

Elle avait une silhouette de jeune homme ; longue et mince avec des seins très petits et des hanches un peu larges. Son visage disparaissait sous les taches de rousseur. Elle avait un ventre plat, entouré d'une chaîne en or que j'avais envie de faire glisser sur sa peau bronzée. On aurait dit un collier de chien de luxe.

Marianne venait de finir une école de journalisme et cherchait son premier job. Je promis bien sûr de l'aider dès notre retour à Paris. J'étais prêt à tout pour la revoir et je me vantai d'une influence que j'étais loin d'avoir.

Elle promit de me téléphoner lorsqu'elle rentrerait et je partis, la tête pleine de rires. Notre dernier baiser fut tendre et riche de promesses. Il y a une façon chaste de s'embrasser qui brûle de sensualité.

Est-on sensuelle à vingt ans ?

A Paris, je ne rencontrai pas âme qui vive. Les grands de la presse désertent au mois d'août. Quant à ma femme d'avant les vacances, elle avait choisi de passer une semaine chez ses parents. Ses lettres m'expliquaient tout. Je ne les avais pas lues de peur d'y trouver trop de condamnations.

Personne pour m'aimer, personne pour me juger. Restaient les copains, les cendriers pleins, les petits déjeuners à n'importe quelle heure, la vie au ralenti. Restait à trouver un job à Marianne.

Qu'il est difficile d'expliquer une fille de vingt ans ! Dès que quelqu'un soupçonne votre liaison, elle devient maîtresse, donc inexistante. On se rit d'elle et on se moque de vous.

Je n'engage jamais les recommandations de mon patron, surtout si elles sont jolies. Maîtresses ou protégées, elles se croient obligées d'espionner. Et si, par malheur, elles sont attirantes et que vous vous en occupez avec trop de sollicitude, elles se font un plaisir de vous dénoncer.

Vous serez viré, non parce que vous l'aurez séduite, mais parce qu'il trouvera intolérable de la partager avec vous. C'est l'histoire du mari qui découvre son chauffeur dans le lit de sa femme. Il accepterait son patron, un ministre ; apporterait le petit déjeuner au président de la République ; mais son chauffeur ! Parfois une femme vous trompe ; parfois elle vous honore.

Je promenai donc la candidature de ma jeune amie de bureau en bureau, de directions en rédactions. Elle était tantôt une nièce ; parfois une orpheline à qui ma famille avait consacré sa vie ; enfin, ce qu'elle était vraiment.

Mon rédacteur en chef me dit simplement :

« C'est d'accord. Elle fera de la documentation (chez nous ça voulait dire des cafés). Mais je la vire si tu ne la sautes pas.

Comme il avait raison !

Elle rentra à Paris un dimanche soir. Elle me téléphona auparavant, de Corse, et malgré les crachotis qui obscurcissaient notre conversation elle me donna l'heure et le numéro de vol.

« Où est votre ami ? demandai-je, soupçonneux.

— Il a dû comprendre que vous emplissez ma tête. »

Je défaillis. Je revoyais ses vingt ans et ma quarantaine proche. Soudain, je n'étais plus un journaliste, mais un lion des médias, Maxwell, Lagardère, Hersant s'arrachaient ma personne, sans comprendre qu'il me fallait auparavant vivre mon année sabbatique avec Marianne. Je serais à eux plus tard. Je me prostituerais, je les adulerais, je prendrais même la direction de leur groupe, mais pas tout de suite. Il me fallait d'abord vivre ce rêve. J'emplissais sa tête. Une tête de vingt ans ; un corps de vingt ans. Pour un peu, j'aurais appelé ma femme : « Sais-tu ce qui m'arrive ? Tu vas être heureuse pour moi... »

Le journalisme permet les reportages et les horaires anormaux. Annoncer à une épouse qu'on s'absente un dimanche soir doit être effrayant quand on est notaire ou employé de banque. Je quittai le domicile conjugal sans pleurs ni cris et bientôt serrai Marianne dans mes bras.

Elle se précipita vers moi. Sa chemise ouverte sur sa poitrine bronzée, sa mini, minijupe qui ne servait qu'à cacher son slip, firent tourner les têtes des passagers qui, comme nous, attendaient sacs et valises.

L'homme plus âgé vit très mal ce genre de situation. Il invente dans les regards des autres des reproches. Elle était une enfant délurée et moi un père trop permissif. Elle était la maîtresse d'un vieux cochon ; et moi, au lieu de jouir de leur jalousie, je souffrais.

« Je crois t'avoir trouvé un job. Dans mon journal. »

Il me fallait tout de suite lui donner une raison de m'aimer ; apporter un cadeau.

« C'est formidable. On en parlera plus tard », dit-elle en prenant ma main.

Qu'elle était forte !

Nous nous étions arrêtés dans un restaurant, à côté de chez elle, où j'avais l'habitude de dîner. Regardant avec crainte chaque nouvel arrivant, je m'en voulais d'être venu là. Quand elle m'avait demandé où nous dînions, j'avais choisi un endroit à moi. Un restaurant où ma popularité l'impressionnerait.

La différence d'âge crée chez l'homme un besoin de compenser ; d'excuser le petit ventre rebondi, les rides enfoncées et le sourire qui en a trop vu. Le choix du restaurant, un peu trop de vin, de belles histoires de jeunesse, une jolie fable feront oublier les petits complexes qui pointent l'oreille.

C'est idiot. Un homme n'a que l'âge de ses cadeaux.

Je la raccompagnai chez elle. Elle m'attira en elle. J'avais vingt ans et elle quarante. Elle m'apprit presque l'amour. Je lui en voulus d'avoir ainsi inversé les rôles, lui prêtant des vices et une vie qu'elle n'avait sans doute pas eus. Les hommes ne supportent pas les femmes expérimentées. Encore moins quand elles ont vingt ans. Mais la femme sait avant même de faire.

Tout occupé à vivre un bonheur qui gommait notre différence d'âge, je n'imaginais pas ce que prendre allait me coûter. Son cadeau était trop beau ; elle n'avait rien à demander. Je devais donner. Mon temps, ma petite carrière, mes amis que je ne voyais plus et qui me le reprochaient, ma femme qui m'exaspérait, mes factures qui s'amoncelaient. Je donnais mon âme pour qu'elle accepte mon corps.

Je lui faisais l'amour avec folie plus souvent que n'importe quel gamin de son âge. A vingt ans, on n'a pas besoin de briller. A quarante, c'est une obligation. J'inventais des jeux qu'elle comprenait plus vite que moi. Un jour, nous fîmes des photos de nos corps enlacés. Elle me les montra avec amour. Je les vis avec horreur. Elle était trop belle et moi trop moi.

Puis vint la jalousie. Rentré le soir chez moi, je l'imaginais, dînant, dansant, aimant comme elle m'avait aimé quelques heures plus tôt. Je vivais ses gestes et ils me torturaient.

Pris de besoin, comme un drogué en manque, je téléphonais et dialoguais avec son répondeur. Je haïssais cet appareil qui se moquait de mes angoisses. Ses messages me narguaient, répétant des mots d'amour qu'elle disait peut-être à un autre. Elle sortait tous les soirs, aimant à pleines dents, apprenant la vie avec l'appétit de ses vingt ans. Elle éprouvait toutes les passions à la fois, la mienne et les autres.

Nous n'écoutions plus de la musique mais toutes les musiques. Dès le début d'un air, nous changions de disque. Elle lisait peu et trop, feuilletant sans s'arrêter. Ses coups de téléphone me rendaient fou. Marianne disait oui à chacun et réussissait à honorer ses promesses. Quand je la quittais, épuisé de fatigue, vers minuit, je la voyais prendre son sac et m'accompagner.

« Où vas-tu ?

— Chez Jim. Il donne une soirée.

— Tu n'es pas morte ? Tu n'as pas envie de te coucher ?

— Si, mais je ne peux pas lui faire ça. »

« Leur faire ça. » C'était sa grande excuse, sa terrible obligation. Elle jouait dix personnages à la fois. Je ne retrouvais jamais le sien. Un jour où j'essayais de la raisonner, elle me répondit sans malice :

« Quand j'aurai ton âge, j'arrêterai. Avant, je dois vivre ; tu comprends ? »

Je comprenais. Elle était trop belle pour que j'aie un autre choix. Je devais vivre ses dix vies à la fois. J'étais mûr. Prêt à être cueilli comme un fruit dont la queue se détache et qui ne tient plus que par un tout petit bout de peau. Elle me cueillit et elle eut raison. Mieux valait m'écraser dans ses mains que sur un sol dur, loin d'elle. J'étais tellement consentant. Besoin d'expier, de me faire pardonner ma femme, mon âge, mon foyer, mes enfants.

Il fallut d'abord changer son appartement ; puis sa garde-robe ; enfin ses bijoux. Elle n'en voulait pas plus, mais elle en voulait des vrais. A cet âge, on a besoin d'exhiber. Pour bluffer une copine, des parents, pour jeter à la tête du monde un « moi aussi » tonitruant.

Je dépensais mon argent, ma vie et mon orgueil. Elle prenait tout sans calcul ni méchanceté. Elle était femme et elle avait vingt ans.

Et puis, et puis... Notre belle histoire s'est émoussée. Parce que je me suis lassé ? Non ; on ne se fatigue pas d'une femme de vingt ans ; quoi qu'en disent mes amies plus âgées qui essayent de me persuader qu'un homme s'ennuie vite avec une femme trop jeune. C'est faux. Les filles de vingt ans ont des projets pour mille et dans la tête assez de place pour tous les espoirs et toutes les promesses. Il faut seulement le supporter. Ne pas se perdre dans cette multitude de rêves qui sont oubliés aussi vite qu'ils ont été échafaudés. On finit par se décourager de la superficie à parcourir.

C'est arrivé. Tout à coup, j'ai soudain moins souffert. J'ai eu moins envie d'elle et j'ai recommencé à exister. J'ai rencontré d'autres femmes ; j'ai culpabilisé vis-à-vis de la mienne ; mes articles ont été plus appréciés.

Un nouvel été est arrivé et mes amis m'ont réinvité dans leur jolie maison. Nous passons les journées à plonger dans les criques inhabitées ; hier soir, nous avons parlé en riant de l'été précédent ; de Marianne. Ils l'ont démystifiée.

Ils ont également invité un garçon gentil, qui est très amoureux d'une fille assez jolie. Elle a un corps de jeune homme, long et mince avec des seins très petits et des hanches un peu larges. Son visage disparaît sous les taches de rousseur. Elle a un ventre plat, entouré d'une chaîne en or que j'ai envie de faire glisser sur sa peau bronzée. On dirait un collier de chien de luxe Elle s'appelle Jeanne. Ma femme est chez ses parents Jeanne cherche un job dans le journalisme ou les relations publiques. Elle a vingt-deux ans.

Je lui ai gentiment proposé de l'aider quand elle rentrera à Paris. C'est drôle. J'ai l'impression qu'elle a une petite tendresse pour moi.

Les pauvres

« Salauds de pauvres ! »

Marcel AYMÉ.

Elles peuvent être jeunes, jolies, pleines de charme, avoir l'élégance à fleur de peau, parler comme des héritières, elles sont pauvres.

Ne les épousez jamais car, contrairement à nos vieux souvenirs scolaires, moins par moins ne fait pas plus et il est prouvé depuis des siècles qu'un pauvre et une pauvre font toujours deux pauvres ; si les riches s'enrichissent, sachez que les pauvres s'appauvrissent ; de plus en plus et de plus en plus vite ; surtout à deux. Ils ne font que multiplier leurs chances de se ruiner. Ils s'encouragent mutuellement, comptent l'un sur l'autre et font valser les crédits. Ce qu'ils se refusaient seuls, ils l'achèteront à deux ; l'appartement avec une pièce de trop pour ce deuxième bébé qui deviendra une obligation — non convertible malheureusement, parce qu'un enfant est plus facile à faire qu'à caser ; la voiture qu'ont les autres ; les dépenses futiles et les à-côtés qui tuent. Affronter la pauvreté à deux est pire que tout ; on en rend forcément l'autre responsable. Les soirées deviennent désagréables. Les pauvres sont optimistes ; ils regardent vers le bas au lieu de regarder vers le haut et trouvent toujours plus pauvres qu'eux. On croirait que les pays sous-développés ont été inventés pour leur donner l'illusion de la richesse.

Croyez-moi : mieux vaut vivre seul qu'être démuni à deux. Fuyez l'armée des femmes pauvres qui vous guettent. Elles sont plus fortes que vous parce que parfaitement entraînées. Le maquillage refait, les ongles peints, des seins à la riche, c'est-à-dire légers et fermes comme s'ils avaient été opérés, elles vous épient, bondissent et vous attrapent. Vous vous croyez pauvre ; elles vous voient millionnaire parce que vous leur offrez des fleurs et laissez quelques pourboires.

En priorité, elles recherchent les riches ; vous pensez donc être à l'abri. Mais, comme il y a beaucoup plus de femmes pauvres que d'hommes fortunés, vous finirez toujours par devenir une cible, et cela quels que soient les abîmes de votre pauvreté. Le pire est que vous n'attirerez pas les très belles, trop occupées par leur chasse au luxe, mais les laides, voire les plus laides. Evitez-les ; jurez que vous êtes asexué, marié, ce qui est pareil, que vous dépensez vos derniers francs. Au pire, parlez de ces pensions exorbitantes qui vous ruinent.

Je sais que les pauvres peuvent un jour être riches. Beaucoup le croient. Mais il est plus fréquent de voir un riche devenir pauvre que l'inverse. Le comble pour une femme sans le sou est d'épouser un riche qui devient pauvre. Les nouveaux pauvres sont invivables. Ils deviennent amers, égoïstes, avares. Ils changent même physiquement. On dirait qu'ils se rabougrissent. Je préfère les nouveaux riches. Au moins, ils font rire. Les pisse-champagne sont plus drôles que les pisse-vinaigre.

J'ai rencontré beaucoup de femmes démunies. Quelquefois, j'ai l'impression qu'il n'y a que ça. Peut-être parce que les femmes riches fuient les pauvres. Elles préfèrent additionner que partager, on les comprend.

Comme je grandis (je trouve cela plus joli que vieillir), on ne me croit plus vraiment pauvre. On prête à la quarantaine des moyens réels et solides. On peut être pauvre à vingt ans. Pas au-delà de quarante. Je suis depuis quelque temps devenu une proie. Je le lis dans leurs yeux qui s'agrandissent en me voyant ; elles sont souvent myopes mais cachent leur regard habilement maquillé pour séduire moins pauvres qu'elles. Ne leur souriez pas. Passez vite votre chemin sous peine de les retrouver chez vous, nues et installées. Rien ne différencie une femme nue d'une autre et elles savent qu'une fois dans votre lit, elles deviendront aussi riches que belles.

Croyez-moi, fuyez...

Janine habitait dans une banlieue de Fontainebleau, prenait chaque matin le train et le métro et, une heure et demie plus tard, s'asseyait derrière sa machine à écrire.

Elle avait vingt ans et, à l'époque, j'en avais trente. A force de se croiser, on s'est dit bonjour et, au bout d'un certain temps, on a fini par se parler.

Elle s'habillait très court et avait des jambes qui n'en finissaient plus. Rien n'est plus bête qu'une rencontre et rien n'est plus ennuyeux que les couples qui racontent comment ils se sont connus. Surtout quand on sait combien ils le regrettent.

Je lui offris un café ; le lendemain, elle voulut payer. Les jeunes filles pauvres ont leur fierté, résultat d'une éducation imbécile. Cela dit, elles vont rarement au-delà d'un café. J'étais ému. La sentant pauvre, je la laissai faire. Mes cafés de la veille étaient une note de frais ; les siens, une économie.

A vingt ans, même les pauvres sont belles. Un tee-shirt, une minijupe, un maquillage et des boucles d'oreilles les rendent irrésistibles. Le pire arriva. Le pauvre journaliste et la pauvre dactylo s'aimèrent. Un soir, après une séance de cinéma, elle regarda sa montre et me parla d'horaires de trains, puis finit par appeler ses parents, me qualifiant d'amie de bureau. Je lui avais promis toutes les sagesses possibles et avais inventé une chambre supplémentaire dans mon studio.

Sa crédulité de pauvre, heureusement, accepta que ma fierté eût transformé un studio en deux-pièces. Elle comprit aussi que mon important travail ne me permettait pas de passer une nuit blanche sur un canapé. Le meuble pouvait se transformer en lit, mais je me gardai bien de le lui dire. De toute façon, je ne savais pas m'en servir, n'ayant jamais rencontré ce type de femmes qui vient chez vous pour vous dire non.

La musique tamisée et la lumière douce eurent raison de nos promesses. Elle était maladroite et je le devins aussi. Elle me donnait tant que j'en perdais mon cynisme.

Je l'ai aimée, cette nuit-là.

C'était bon de la voir le lendemain, joyeuse et heureuse, s'occuper du café, transformer en toasts de vieilles tranches de pain rassis, courir avec moi Paris à la recherche d'un tee-shirt neuf et arriver hors d'haleine à son bureau en me promettant de ne plus jamais me quitter si je le voulais bien.

Je me sentais désiré et responsable du bonheur d'un autre être. J'avais une mission que je ne voulais ni ne pouvais refuser. J'aimais sa simplicité ; elle était ma première femme vérité, sans astuce ni calcul.

On a toujours tendance à confondre pauvreté et simplicité.

Elle avait ses nuits parents et ses nuits moi. Petit à petit, je gagnai sur les nuits famille.

Je la transformai lentement, avec prudence, de peur de la rendre pareille aux autres. Je lui appris à être femme ; à s'habiller. Je l'emmenai dans quelques jolies boutiques, choisissant ce qui la mettrait en valeur, lui expliquant qu'une robe ne doit servir que de faire-valoir et non exister par elle-même. Trop de femmes se transforment en mannequins et disparaissent derrière leurs vêtements. Je lui appris que les tons doux agrémentés de bijoux, même faux, confèrent plus de classe et plus d'élégance que les coloris trop vifs ; qu'un jean et un tee-shirt peuvent faire plouc ou comtesse selon la qualité des tissus, la précision et la fraîcheur du maquillage et une jolie paire de boucles d'oreilles longues et dorées. Des mains soignées aux ongles un peu longs sans exagération et vernis avec application sont un signe qui ne trompe pas. L'ongle au vernis écaillé tue.

Les femmes élégantes ne sont faites que de détails. Je lui en expliquai les principaux.

Je lui appris aussi à dire non. Seuls les pauvres disent toujours oui ; et puis j'avais trop peur que ses oui gentils ne me l'enlèvent. Elle voulait tout savoir, s'extasiant, avide de connaître et de comprendre. Elle me disait souvent :

« Tu es fou mais ce n'est pas grave. Ma mère tient des comptes. Un jour, je te rembourserai. »

Elle me parlait de sa vie et me racontait Zola. Je lui faisais vivre Sagan. Mes modestes moyens s'évaporaient mais j'étais heureux parce qu'elle le devenait. Elle était comme un enfant à qui on offre un magasin de jouets.

Il n'y a que les premiers pas qui coûtent. Les autres vous ruinent. Je dépensais tous mes salaires.

Mes amis cyniques me disaient : « C'est parce qu'elle est jeune... »

En tout cas, je l'aimais. Sans doute avaient-ils raison. Elle était plus jeune et jolie que pauvre.

Avec quelques années de surcroît, je ne l'aurais pas même regardée. Les femmes pauvres qui vieillissent s'appauvrissent de partout.

Janine décida un jour qu'il était temps que je voie ses parents. Je ne pouvais pas refuser. Nous nous connaissions depuis six mois et je savais que cette rencontre, inéluctable, serait tragique.

J'avais raison. Ils inversèrent les rôles.

Mon jean choquait en face du costume trop serré du père ; mon humour sonnait faux chez ces gens honnêtes. Mes références leur étaient inconnues et leurs discours m'étaient incompréhensibles. J'essayais désespérément de les voir beaux-parents mais, dès que je les imaginais au déjeuner de mariage, livrés à mes amis, je frémissais. J'entendais déjà leurs ricanements imbéciles de faux riches.

Une pensée m'assaillait. Une femme finit toujours par ressembler à sa mère. Je voyais Janine sous les traits de cette femme sans âge et sans grâce ; un peu boursouflée et digne comme un notaire failli.

Je décidai de l'aimer sans l'épouser. Nous vécûmes ensemble et elle partagea mes amis, mes relations, mes angoisses de jeune journaliste. Elle accompagna nos nuits blanches, alcoolisées et parfaitement improductives. Elle était heureuse d'être près de moi et je me sentais bien avec elle.

Je l'aidai à changer d'emploi et elle devint l'assistante d'un patron connu. Elle n'était pas beaucoup moins pauvre, mais elle en avait de moins en moins la personnalité et l'apparence.

Ce fut l'époque où elle voulut changer notre vie.

Elle choisit un nouvel appartement et, tout à coup, nous eûmes trop de place. Ce que je faisais si bien dans une pièce, je dus apprendre à l'éparpiller dans plusieurs, ne sachant plus où me poser.

Un matin, je la surpris habillée d'un tailleur triste :

« Tu aimes ? me demanda-t-elle.

— J'aimais tes jeans et tes tee-shirts.

— Pourquoi emploies-tu l'imparfait ? »

En outre, elle avait appris à répondre.

Elle parlait un nouveau langage où il était question de plan épargne logement, d'économies. Elle comprenait même la Bourse. Je l'écoutais en bâillant, effrayé par le précipice qui s'installait entre nous.

Rien n'est pire que les ex-femmes pauvres qui veulent avoir l'air riche. Elles essayent de bien faire, mais se trompent en permanence. Le saumon est délicieux, mais elles achètent le mauvais vin blanc. L'appartement est dans le mauvais quartier. Le parfum est de l'eau de toilette. Elles font « à la manière de » sans les moyens.

Janine se transformait lentement sous mes yeux étonnés. Nos nuits d'amour devenaient plus brèves et ses gestes moins spontanés. Elle retenait les élans que j'avais tant aimés. Elle ne voyait presque plus ses parents. Elle m'aimait pour l'avenir qu'elle m'avait fabriqué. Elle ne m'aimait plus.

Les pauvres

Les femmes pauvres détestant la pauvreté, il ne me restait d'autre choix que de travailler et réussir.

Un matin, en allant au journal, je croisai une fille jeune en tee-shirt et minijupe. Elle semblait déplacée dans ce flot de gens pressés. Elle était jolie et j'avais l'impression de l'avoir déjà vue.

Je l'abordai et lui offrit de partager un café.

« Foutez-moi la paix », dit-elle avant de repartir.

Finalement, je déteste les pauvres.

Les rousses

« Les odeurs sont des souvenirs. »

Charles Baudelaire.

Jamais l'été.

On dit que la phrase « elle n'a dansé qu'un seul été » racontait l'histoire d'une rousse. Ils ont aéré pendant des mois la salle des fêtes ; ils ont repeint, changé de maire ; rien n'y a fait. On se serait cru en fin de représentation à Médrano quand les dompteurs finissent leur numéro et font rentrer les fauves.

Ces créatures de rêve sont toujours accompagnées par un parfum entêtant qui les précède et les suit, qui nous fait les fuir ou les aimer selon le goût que l'on a des femmes et de leur présence.

Elles sont souvent très belles avec leurs cheveux flamboyants ; leur peau douce et laiteuse parsemée de taches de rousseur, qui font croire qu'elles ont bronzé derrière une passoire ; cette superbe que seuls les grands carnassiers arborent, ce dédain hautain qui leur va si bien. Elles sont grandioses et écrasantes ; elles passent la tête haute sans même un regard pour nous, les petits blancs sans goût et sans saveur. Qui a été follement épris d'une rousse ne peut aimer une autre femme sans la trouver insipide. On ne la sent même pas venir.

La rousse est une créature de neige qu'il faut aimer à la montagne ou à la rigueur en ville, en hiver. Fuyez dès que le temps se réchauffe. « La dépression venant du nord permettra aux vents chauds de pénétrer sur la France, ce qui se traduira par une montée de la température... » Tirez-vous ! Prétextez un voyage d'affaires, une tante malade. Partez ! Votre couple est en danger.

Et si, comme moi, vous avez aimé une rousse adepte du métro et des chemises en acrylique, que vous l'avez approchée en août à Paris, c'est qu'il vous manque ce sens qui s'appelle l'odorat. Ou alors que vous étiez très enrhumé.

Avez-vous remarqué que dans les voitures où voyagent des rousses, les fenêtres sont toujours ouvertes même par grand froid ? Ce sont les seules qui ne subissent pas de fouille à la douane. Une rousse peut même vous gâcher un bon repas. Je me souviens de cette brasserie très parisienne dont le propriétaire avait posé sur ses murs des panneaux affichant : « Pour le bien-être de vos voisins, évitez de fumer la pipe et le cigare et d'amener des rousses. »

Enfin, la rousse est la seule femme au monde à qui on ne peut pas demander : « Comment te sens-tu ? »

Qui n'a pas eu une secrétaire rousse n'a pas connu l'enfer. La mienne venait en outre de la campagne et croyait que l'être humain doit rester naturel. Elle ne se rasait pas, se levait tôt le matin, se ruait vers son train de banlieue, gesticulait toute la journée... C'était insupportable. Elle avançait vers moi, je reculais. Elle levait un bras pour saisir un dossier sur une étagère, je défaillais.

Personne ne venait plus dans mon bureau. Je passais mes hivers entre rhumes et bronchites. J'avais beau garder mon manteau pour travailler, l'air glacé qui passait par mes fenêtres grandes ouvertes me transperçait. Pour Noël, je lui offris des chocolats et des déodorants. Mais rien n'y fit.

Pourtant, elle était adorable, ne sachant que faire pour me rendre service.

Un jour de plein été où, faisant preuve du plus grand des courages, je lui demandais pourquoi elle ne se rasait pas sous les bras, elle me répondit en rougissant :

« C'est à cause de mon fiancé. Il dit que ça le rend plus amoureux. »

Je la regardai, effondré, me demandant quel type de malade elle avait bien pu rencontrer. Un jour, je le vis et je compris. Il était encore plus roux qu'elle.

Certaines, malignes, se font teindre les cheveux. Elles se couvrent de parfum, de déodorant. Si vous en ramenez une à la maison, vous la démasquerez vite. Comme elles ont un tempérament de feu — nous en reparlerons — le naturel reviendra au galop.

On reconnaît l'amant d'une rousse au fait,

bien sûr, que plus une seule odeur ne le dérange, mais surtout à ses yeux cernés et à sa mine de papier mâché.

J'ai aimé une rousse. Une rousse de bonne famille qui savait minimiser ses abords entêtants. Elle s'appelait Julie. Un prénom prédestiné. Elle était grande, belle et capricieuse. Beaucoup de rousses le sont. C'est leur côté bestial. Moi qui aime les femmes paisibles et douces, je n'arrêtais pas de courir pour la suivre, chez un tailleur, dans une parfumerie (heureusement), à des soirées, des mondanités.

Elle était infatigable et, si je renâclais, elle entrait dans des rages terribles. Ses lèvres se retroussaient comme celles d'une tigresse prête à mordre

Elle s'habillait bien. Le noir, le vert, le blanc lui allaient divinement et faisaient vivre ses cheveux. Julie était aussi, et surtout, un ouragan de passion, comme la plupart des rousses. Elle portait petite culotte et soutien-gorge à ravir. Sa poitrine était pleine de rêves et d'amour. Elle m'aimait, me possédait. Je lui appartenais. Mon répondeur était bourré de messages du type : « Il est 10 heures. Tu n'es pas encore là. Pourquoi ? » Ou bien : « Si tu es encore avec cette pute, je t'arrache les c... » Elle l'aurait fait. Le corps humain sent bien ces choses. Quand elle était sous l'emprise de la colère, certaines parties de mon anatomie, par réaction, se rétractaient.

Elle adorait me surprendre chez moi. Après avoir inspecté tous les placards, elle se jetait sur moi, m'arrachait mes vêtements. Nous courions dans la chambre et, alors, elle se déchaînait.

Alertés par ses cris de plaisir, mes voisins convoquaient police secours, persuadés que j'égorgeais quelque grand-mère pour accélérer un héritage. Et comme je ne suis pas l'amant du siècle, l'ardeur de Julie me tétanisait, m'affolait. Je rêvais d'amours tranquilles, de douceur et de tendresse, pendant que ses feulements traversaient les murs et les immeubles. Julie m'aimait toutes griffes dehors. J'étais le dompteur dompté. Ma peau était lacérée. Ma vanité de mâle aurait dû s'en réjouir, mais j'étais trop épuisé, trop inquiet à l'idée que tout allait recommencer à peine le dîner terminé. Jouir devenait un calvaire, puisque ce n'était pas une fin, mais un simple entracte.

Dans les restaurants, les hommes m'enviaient. Parce qu'elle était belle, voyante et parce qu'elle n'était pas avec eux. On la remarquait. Donc, moi aussi. Sa démarche rendait fou. Un déhanchement d'animal. S'ils avaient su combien je rêvais d'être assis à côté de leurs petites blondes ou de leurs brunes tranquilles, de parler cinéma, de faire le tour des copains et de la vie ! Julie n'avait qu'un sujet d'intérêt : l'amour. Le faire, le refaire. Et quand, harassé, je me tournais sur le côté, elle me regardait avec des larmes dans les yeux et me demandait :

« Tu n'as plus envie de moi ? Tu ne m'aimes plus ? »

Julie était trop folle, trop belle. Et, finalement, son odeur m'excitait. Quand, après l'amour, nous nous reposions, le souffle court, le corps vidé, quand enfin nous parlions d'autre chose que de nos sexes, je goûtais le parfum merveilleux qui imprégnait nos draps et notre peau. Nous vécûmes une folie de senteurs. Ce fut extraordinaire, bouleversant, exténuant.

Un grand brun, heureusement, me l'enleva et je fus sauvé de l'épuisement ou, plus grave, de l'homosexualité. J'étais prêt à tout pour survivre. Mais, étant donné ma chance, je serais sans doute tombé sur un roux.

Il existe heureusement très peu de vraies rousses. Beaucoup sont auburn, ou tout simplement un peu rousses. On peut les sortir en été, profiter de leur générosité, de leur démesure, sans souffrir de leur encombrante présence. On peut les aimer gentiment. Elles ont cette passion, cette force de caractère, ce côté entier des vraies rousses... tout en restant respirables.

Cela dit, ne prenez pas trop de risques.

Lavez-les souvent !

Les laides

« Etre belle et aimée, ce n'est être que femme. Etre laide et savoir se faire aimer, c'est être princesse. »

Jules BARBEY D'AUREVILLY.

Imaginez un petit tas de sable bien rond, avec des joues rouges et gonflées, un nez enfoui sous les taches de rousseur. Ses cheveux étaient blonds. Un blond vénitien dans lequel le peintre avait oublié d'ajouter le vernis. Et des yeux qui n'étaient pas même bleus. Une petite blonde, potelée, aux yeux marron triste.

Je regardais l'ami qui nous avait présentés avec reproche. Nous étions dans un restaurant à la mode, parsemé de jolies filles habillées très court, très transparent — c'était l'été.

Adélaïde, parce qu'elle s'appelait Adélaïde, contemplait cette salle avec béatitude, croyant reconnaître ici et là un acteur, une comédienne, un journaliste, alors que je fuyais les visages connus. Jacques accompagnait sa fiancée : une très jolie brune appétissante dont la beauté rendait Adélaïde encore plus laide.

Nous nous étions assis en couple. J'avais bien essayé d'inverser les places pour me retrouver en face de la fiancée de Jacques, mais il avait habilement déjoué la manœuvre. J'étais face à ma promise, condamné et furieux.

Elle se mit à parler. Les laides parlent toujours beaucoup. C'est un phénomène de compensation. La littérature française défila. Jacques bâillait. Puis le cinéma. Nous eûmes droit à dix ans de palmarès du Festival de Cannes. Je devais admettre qu'elle était très bien documentée.

Un garçon prit enfin la commande. Les restaurants à la mode brillent rarement par la rapidité de leur service, considérant que dîner chez eux est un honneur qu'il faut mériter. Nonchalant et hautain, le garçon nous écouta. En réalité, l'écouta, car il s'agissait là d'un autre phénomène de compensation fréquent chez les laides. Commander beaucoup et cher. Du style : « On m'invite rarement, alors j'en profite. » J'assistai pour la première fois de ma vie à une prise de commande recto/verso. D'ailleurs, sur l'addition, heureusement payée par Jacques, je suis sûr qu'ils avaient rajouté le prix du bloc et des carbones.

Le dîner se passa mieux que prévu. Adélaïde savait aussi écouter et ne manquait pas d'humour, relançant gentiment la conversation. A la fin du repas, je la trouvais plutôt sympa. Laide, mais sympa. Elle raconta avec intelligence quelques anecdotes, se moqua d'elle-même et nous fit rire. Je lui trouvais presque du charme.

Malheureusement, l'addition était payée et il fallait nous lever. Jacques me regardait, goguenard. Persuadé que tout le restaurant me reconnaissait, que les tables riaient, je marchai bravement vers la sortie, accompagné à petites enjambées par mon gentil tas de sable.

Elle me prit la main. Je faillis prendre la fuite. Il m'incombait bien entendu de la ramener. Très mufle, je me gardai de proposer une boîte ; la peur d'être reconnu, alors que je ne connais personne dans les milieux noctambules. Mais, avec une laide, on devient vite parano.

« Où habitez-vous ?

— Je vais vous guider. »

Je démarrai — avenue Foch — le périphérique — un 30 juillet, même à 11 heures du soir, on est en grande compagnie. L'autoroute de l'Ouest — Louveciennes. Une heure après, nous y étions et le dernier verre m'attendait.

Aucun homme ne peut refuser un dernier verre. On nous a trop souvent fait le coup pour que nous osions le faire nous-mêmes. Question d'éducation ou de civisme. Quoi qu'il en soit, c'est impossible. Je voulais laisser le moteur en marche, dans le style « je ne reste qu'une minute » mais, avec autorité, elle tourna la clef de contact.

Sa maison, ou plutôt celle de ses parents, était rassurante. De gros murs, des meubles campagnards solides, du bois partout. Il y régnait une sorte de quiétude, de sérénité. Comme si les bruits et les angoisses de la ville s'arrêtaient devant le lourd portail.

« J'aime votre maison. »

Elle prit un grand classeur et l'ouvrit devant moi.

« Regardez. Les photos de la maison. Avant, après. En attendant, je vais vous chercher à boire. »

Je feuilletai l'album et entrai dans l'histoire de la ruine devenue capital avec, en premier ou en arrière-plan des photos, Adélaïde. Partout elle souriait. Enfant, adulte, collégienne, avec des couettes qui lui allaient d'ailleurs bien, avec un chignon pour une photo de mariage, avec des lunettes (il ne manquait plus que ça !), avec des parents. Des parents qui lui ressemblaient. Laids et sympas. Et toujours cette maison qui n'en finissait pas de grandir et d'embellir.

Dans ma tête, une idée sournoise se glissait. L'idée qu'on rejette et qui revient tout doucement, qui tourne, qui ironise : « elle attend sûrement quelque chose ».

Adélaïde revint, les bras chargés de verres, de glace et de bouteilles.

« Vous avez aimé l'histoire de ma vie ?

— Votre maison ? »

Elle acquiesça. Elle me servit un verre, puis s'assit près de moi sur le canapé. Elle sentait bon. Un parfum de fraîcheur. Elle me souriait.

« Je sais que je ne vous plais pas.

— Pourquoi ça ? C'est idiot. Et puis, entre un homme et une femme, il y a beaucoup d'autres choses.

— C'est bien ce que je disais, poursuivit-elle en riant. Vous n'avez pas du tout envie de moi, n'est-ce pas ? »

Que répondre ? Je savais qu'aucun désir n'allait se manifester. Je m'en voulais, enviant les hommes qui peuvent toujours, avec n'importe qui et à tout instant. Entrer dans ce jeu serait redoutable, humiliant.

Je buvais. De plus en plus. Mais l'idée sournoise continuait à se promener dans ma tête. « Laisse tomber. »

Et puis Adélaïde se mit à me parler. Sa voix était devenue plus douce, ses phrases pleines de tendresse et d'intelligence. Elle livrait ses secrets, qui étaient aussi un peu les miens. Ses rires, ses délires, sa vision des autres. Je me reconnaissais dans ses mots, dans ses folies. Elle était moi et j'étais elle.

Habilement, elle aborda des sujets plus tabous, d'une façon d'abord espiègle et charmante, puis un peu plus osée.

« J'adore prendre mon temps et rien n'est pire que l'amour à la va-vite, dit-elle.

— Je suis assez d'accord.

— Les hommes sont trop pressés. Ils gâchent une grande partie de leur propre plaisir à vouloir se donner trop tôt. J'adore m'occuper d'un homme, de son corps, le caresser lentement et longuement. C'est si beau, un corps d'homme.

— Ils sont tous faits pareil », dis-je, sachant déjà qu'un piège se refermait.

Elle sourit.

« Est-ce que toutes les femmes sont semblables ?

— Cela dépend. Non, finis-je par admettre.

— Chaque homme est différent : la taille, la forme. Son plaisir aussi s'exprime de façon différente. Aucun corps ne réagit exactement pareil. Le tout est de l'apprendre, de le connaître, puis de lui donner les caresses qu'il aime. Je peux passer des heures à rendre heureux le corps d'un homme que j'aime, des heures à le regarder. »

L'exhibitionniste qui sommeillait en moi comme en tout homme l'écoutait béatement. Elle continua de parler, se montrant de plus en plus précise dans ses propos, racontant ses propres fantasmes. Sa voix était devenue rauque et troublante. Son visage s'estompait, son corps s'affinait et ses yeux devenaient presque bleus.

Elle avait posé sa main sur la mienne. Une main douce, maternelle. J'étais à la fois effrayé et attiré. Je la savais laide et la voyais belle. Je voulus parler mais elle posa un doigt sur mes lèvres.

« Tais-toi. »

Elle continuait à nous raconter. Sa main restait immobile avec parfois, pour ponctuer un mot, une idée, une légère crispation que je ressentais de tous mes sens. J'étais tendu et perdu. Elle se rapprocha. Je respirai son odeur épicée faite de parfum et de désir. C'était léger et attirant. J'avais envie d'elle et elle le savait.

« Laisse-moi faire », murmura-t-elle.

Ce ne fut pas agréable. Ce fut extraordinaire. Je n'avais jamais connu autant de douceur et de sensualité à la fois. Elle joua de nos corps avec un talent et avec une créativité qu'aucun musicien n'aurait pu imaginer.

J'étais tour à tour objet, amant, brute, fou, tendre... J'explorais des limites que je dépassais sans cesse. Je me sentais pleinement moi, amoureux et ivre de ma vie. Plus tard, follement épuisé, je m'endormis, tandis que sa main caressait mon corps comme on berce un enfant.

Sur le plateau du petit déjeuner, elle avait posé des fleurs et quelques feuilles. Je la regardai. Elle avait un sourire tendre.

« Tu vois qu'on peut tout oublier. »

Je souris. Elle s'était remaquillée, remodelée. Elle était laide et pourtant devenue si belle.

Adélaïde est restée une amie. Nous déjeunons de temps en temps et nous rebâtissons le monde. Elle est devenue un peu plus lourde et un peu plus passionnante. A l'époque où nous nous sommes connus, j'avais vingt-cinq ans. Je choisissais mes conquêtes en fonction de l'image qu'elles donnaient de moi. Elles étaient belles, très belles ; pourtant mes nuits étaient remplies de monotonie et d'ennui. Les jolies femmes ne sont préoccupées que par elles-mêmes — leur corps, leur apparence, le désir qu'elles allument dans le regard des hommes. Elles doivent sans cesse se soucier de paraître, surveiller leur façon de s'habiller, retoucher leur maquillage. Et nous devons supporter de les voir des heures durant se préparer, s'aimer, se contempler. Il ne leur reste plus de temps pour nous. Elles ne nous font pas l'amour ; elles consentent à ce que notre corps profite un peu d'elles. Les aider est une suprême récompense. Un os jeté au chien affamé.

Combien s'allongent et attendent, avec condescendance et ennui, que ce soit fait, fini — qu'enfin l'on dorme !

Adélaïde m'a donné la clef. Il faut, bien sûr, sortir de temps en temps avec de très jolies femmes, ne serait-ce que pour satisfaire son ego, mais il faut savoir aussi se retrouver avec de moins jolies, parce qu'elles feront des prouesses pour nous séduire et nous aimer.

C'est si bon de recevoir, d'être comblé au-delà de tout. D'exister totalement.

Vivent les tas de sable.

Ma femme avant parution

« Nos femmes ne se doutent pas combien le chagrin que nous leur faisons peut nous les faire aimer davantage. »

Robert de FLERS.

Elle (je ne lui donnerai pas de prénom !) est plongée dans mon manuscrit. Elle le lit depuis plusieurs heures pendant que je fais semblant de regarder le match de foot, France-Italie. Platini, qui joua longtemps en Italie et qui est français malgré son nom italien, entraîne l'équipe de France pour tenter de battre l'Italie. (Relisez lentement.)

De temps en temps, elle sourit ; de plus en plus rarement. Parfois, elle lève la tête avec dans les yeux une expression furieuse ou triste. J'attends.

Elle est présente dans chaque chapitre. Ses meilleures amies aussi et je comprends que cela l'énerve. Mais il est fatal de tromper sa femme avec ses amies. Ce sont celles qu'on rencontre le plus facilement et celles qui ont le plus de plaisir à vous séduire. En outre, les sujets de conversation ne manquent pas après l'amour. Evoquer les conjoints respectifs, qu'on connaît bien, est distrayant.

Cela commence toujours par le dithyrambe :

« C'est en tout cas un père extraordinaire. Il rentre tous les soirs tôt pour boire un apéritif avec les enfants et dialoguer avec eux. »

« Elle a toujours été là dans les moments difficiles, faisant preuve d'une abnégation... »

Ensuite, on égratigne gentiment.

« Elle n'a pas su progresser avec moi. Elle était formidable quand on s'est connu, mais bon. Elle a du mal à suivre notre ascension sociale. »

« Au début, il prétendait conquérir le monde. Il n'a pas vraiment réussi. Aujourd'hui, il est sous-directeur. C'est moyen. Toi, tu es journaliste. Tu écris ce que tu veux. Tu crées ; lui, il gère. Cela dit, il est très, très gentil. »

Un peu plus tard...

« On ne fait plus l'amour depuis longtemps. Je crois que ça ne l'intéresse pas. Elle ne pense qu'aux enfants ou à la maison. »

« Lui, il voudrait bien, mais moi, je n'en ai plus envie. Il essaye de temps en temps mais je fais celle qui a mal à la tête. Tu comprends, c'est le père de mes enfants.

— Je comprends. »

Plus tard encore, allongés sur les draps froissés, avec des bouteilles de Coca vides par terre, des oreillers jetés aux quatre coins de la chambre...

« J'ai de nouveau envie de toi. C'est fou ce qu'on s'entend bien physiquement. »

Elle ferme le livre et soupire.

Platini hurle depuis son banc de touche parce

que les Français ont raté un but et je m'attends au pire, persuadé que l'électricité ambiante et la sincérité de certains chapitres vont se conjuguer pour causer ma perte.

Elle joue avec la couverture du manuscrit la pliant nerveusement.

« Tu les as toutes connues ?

— Approchées.

— Je vais avoir l'air de quoi ? »

Je la regarde, médusé.

« Tu veux dire que ton problème est qu'on dise que tu vis avec un obsédé ? »

Elle hausse les épaules.

« Mais non, ça je m'en fous. Je pense à mes copines. Tu en dis tellement de mal qu'elles vont m'en vouloir à mort.

— Elles ne se reconnaîtront pas.

— Je les ai toutes reconnues. »

Je lui déclare qu'elle a trop d'amies. Elle reprend le livre et le feuillette.

« Ce sont de belles salopes, dit-elle pensivement. Et toi, tu t'es laissé faire, comme un imbécile.

— Je ne les ai que... côtoyées.

— Et en plus, tu mens. »

Je hausse les épaules, effaré par ma lâcheté.

« C'est un livre, pas une vie, dis-je solennellement, assez content de ma réplique.

— Je te hais », crie-t-elle en se levant et en jetant le manuscrit à mes pieds.

J'entends toutes mes femmes faire ouf à l'instant où le manuscrit tombe ; éclater de rire quand elle quitte la pièce. Que les femmes sont dures ! Je leur enjoins de se taire. Elles sont soudain toutes sorties des pages et me narguent. Je ferme les yeux et les sens tourner autour de moi, me sourire, m'attirer dans leur ronde amoureuse. Il ne manque que les deux petits anges de circonstance pour compter les points. Josiane se déshabille. Eve me fait un sermon. Claude m'impose des haltères et Gisèle m'explique que, tout compte fait, elle a décidé de me tuer.

J'ai bu beaucoup de champagne avec Platini. Les victoires grisent ; les défaites noircissent horriblement. Nous fêtons une débâcle. Les vrais ivrognes voient des animaux sortir des murs. Moi, je passe la soirée la plus remplie de ma vie avec toutes mes sorcières déchaînées.

Le lendemain, elle m'annonce qu'elle me quitte. Pas au nom de ma vie dissolue mais pour sauver son image.

« C'est un roman, plaidé-je.

— Alors fais un chapitre sur moi. Ecris que je suis la femme de ta vie, que je suis la seule que tu aimes, que tu passes tes journées et tes nuits à me désirer. Parle de mes fesses qui te rendent fou. Je veux être la seule, tu comprends ça ?

— C'est impossible. En plus, c'est idiot. Ce n'est qu'un livre.

— Je veux être la seule, répète-t-elle.

— Mais je vis avec toi.

— Peut-être, mais je ne veux pas m'endormir en pensant à toutes ces saletés. »

Pour moi, c'est incompréhensible. Elle est intelligente, pleine de charme et jolie. C'est la femme la plus sensuelle que j'aie jamais connue. Je ne sais comment elle fait, mais elle a toujours l'air déshabillé. Non pas qu'elle soit vêtue trop court ou trop sexy mais chaque partie de son corps ressemble à une invite. Les hommes l'entendent sans l'écouter ; ils la regardent et, dans leurs yeux, je lis à chaque fois une grande histoire sensuelle.

Elle a la peau très mate, des yeux et des cheveux très noirs et des lèvres vivantes. Elle n'aime ni la culture physique ni le pouvoir. Ses parents ne sont ni riches, ni blasés, ni pressés qu'on se marie.

Elle gagne sa vie. Je rêvais qu'elle la gagne pour deux et que, journaliste, je puisse devenir écrivain. Je me voyais, marchant le matin à travers bois, échafaudant mentalement des chapitres et les tapant ensuite avec fureur sur ma machine. J'aurais pu fumer la pipe, m'habiller en velours côtelé, boire trop de whiskies, me fabriquer enfin un personnage qui m'aille et jeter ma démission à la tête de mon vieux copain rédacteur en chef. Je l'aurais fait avec sollicitude, avec gentillesse, lui laissant entendre que, malgré mes succès, je continuerais à lui donner mon amitié.

Quel dommage qu'elle soit si femme ; avare et maintenant butée. De mon ton le plus hypocrite, je lui propose de brûler le manuscrit. Elle accepte. J'ai un haut-le-cœur. Toutes ces femmes aimées pour rien ! Puis une idée me vient.

« Veux-tu que je prenne un pseudo ?

— Si le livre marche, tu ne le supporteras pas.

— C'est vrai, mais tant pis. Nous serons les seuls à savoir.

— Et toutes ces salopes.

— Je ne le leur dirai pas.

— Tu ne pourras pas t'empêcher de leur envoyer un exemplaire dédicacé. Pour toi, chaque femme, c'est comme une Légion d'honneur.

— Mais qu'est-ce que ça peut te foutre ? Je suis avec toi. Plus avec elles.

— Je déteste qu'on ricane derrière mon dos.

— On ricanera de toute manière.

— Pas si je t'ai quitté. Etre l'une d'entre elles est drôle et sans importance. Je ne veux pas être l'actuelle quand le livre sortira.

— Alors je brûle tout.

— Oui », répète-t-elle, enfermée dans son égoïsme féminin.

La tolérance des femmes s'arrête à leur orgueil. On dirait des hommes.

Nous sommes en hiver et un grand feu brûle dans la cheminée. Les flammes crépitent et menacent le conduit de cheminée, qui n'a pas été ramoné depuis des années. Je prends le manuscrit et, d'un geste théâtral, le jette dans l'âtre. Elle sursaute mais je pose mon bras sur le sien.

« Laisse. »

Les pages se consument d'abord lentement puis le papier s'embrase et des éclairs bleus inondent la pièce. Nous sommes hypnotisés. Elle regarde tour à tour le feu, le livre qui se calcine, moi. Elle ne sait plus si elle doit m'aimer ou se haïr. Nous vivons un moment grandiose; nous sommes au bord du grand amour.

Je l'emmène dans la chambre. Notre envie n'en peut plus. Tard dans la nuit, harassés, nous nous allongeons l'un contre l'autre. Elle prend ma main et la serre doucement.

« Tu es une véritable ordure, dit-elle les yeux fermés.

— Oui.

— On va donc se quitter.

— Ce n'est pas obligatoire. Essaye de comprendre... »

Je la vois sourire, dans la pénombre.

« Quand apportes-tu la copie à ton éditeur ? demanda-t-elle.

— Demain. Tu le savais depuis le début, n'est-ce pas ?

— Prends quand même un pseudo et envoie-moi un exemplaire dédicacé. Et puis quittons-nous gentiment. Tu as encore tant de chapitres à écrire. »

Cet ouvrage a été composé
par l'Imprimerie BUSSIERE
et imprimé sur presse CAMERON
dans les ateliers de la S.E.P.C.
à Saint-Amand-Montrond (Cher)
en mars 1993
pour le compte des Éditions Stock
23, rue de Sommerard, 75005 Paris

Imprimé en France

Dépôt légal : mars 1993.
N° d'Édition : 4840. N° d'Impression : 576.
ISBN 2-234-02393-5

54-07-3974-03/0

54-3974-0